PÁJAROS DE PAPEL

WILBER BERRIOS ROMERO

EDiNexo

PÁJAROS DE PAPEL

© Wilber Berrios Romero

Revisión filológica
Edinexo

CR808.068 Berrios Romero, Wilber
  B533p Pájaros de papel / Wilber Berrios Romero
  FBA   –Primera edición– San José, C.R.: Edinexo, 2020.

      216 páginas: 13,5 cm x 21 cm

      ISBN 978-9930-563-79-3

      1. Literatura costarricense. 2. Género Literario /
      poesía. 3. Poemario. I. Título.

Producto centroamericano
Hecho en Costa Rica
Mayo, 2020

EDITORIAL

EDiNexo®
www.edinexo.com
contacto@editorialedinexo.com

 Dedicatoria

Recuerdo que eran las 9:00 a.m. cuando recibí una llamada que se resume en una frase: *"Melanie ha tenido un accidente"*. Uno cree que eso le pasa a otros, que a uno nunca le irá a pasar algo como aquello y que las personas que uno ama vivirán hasta viejos; y luego te das cuenta de que no es así y que nunca sabes cuándo será la última vez que las verás, la última vez que les darás un beso y las abrazarás fuerte.

Este libro se lo dedico primeramente a mi estrella fugaz, una persona que podría decirse que fue de las primeras que me hizo experimentar inviernos y veranos, que me hizo saber lo bonito de los silencios y los abrazos, que me hizo saber lo duro que es perder a un ser amado ya que hoy descansa en paz, a ti Melanie M., hacia el cielo, mis letras.

También se lo dedico a "los amores imposibles", a aquellos que una vez nos dieron un abrazo sincero y una mirada verdadera y aun así los dejamos ir. A esos amores ante los cuales nos prometimos no escribirles un mensaje más después de su partida, pero insistimos en una letra más para quedar en visto. Se lo dedico a ese amor que no se pudo recuperar por más poesía y canciones que se le escribieran y dedicaran, que no se pudo recuperar por más intentos que se hicieran. Y es que hay amores que solo se olvidan en una vida.

De igual forma se lo dedico a mi "amor futuro", a esa
persona que no conozco, pero que sé que existe; a quién
provocará que le pida que se quede unos 5 minutos más
y que al irse desearé un tiempo extra contra partida, a
esa persona que cada día le desearé apasionadamente y
que su piel se convertirá en mi página en blanco, a esa
persona que me hará pensar que toda una vida es muy
corta como para amarla.

Y, por supuesto, te dedico este libro a ti, que te tomarás
el tiempo de leer unas páginas llenas de amor, pasión
y un poco de erotismo, tú que leerás estas letras y
pensarás en quien amas y si tengo la gran dicha,
se lo dedicarás.

A ti, que seguramente nadie te ha escrito una cartita a
mano, yo te la regalo, te la regalo porque a ti también te
amo, te amo apasionadamente con todo y tus tormentas,
altos y bajos, te amo con tu locura y pasión… te amo
cuando despiertas y tomas tu café en la mañana. Al
dormir, cuando tomes estas letras y tengas fríos por los
inviernos, te presto mis brazos, cobíjate con ellos, aquí
estoy para ti, para amarte, desearte y acariciarte.

A ti, te amo.

AGRADECIMIENTOS

A mi papá y mamá, por haberme hecho ver el gran
amor de la familia, por su cariño, su "aquí estoy",
su "tú puedes", sus sonrisas, su amor entre ellos (sí,
tengo la dicha de tener una familia muy bella), gracias,
gracias, gracias a mis dos grandes amores, Antonio
Berrios y Alma Romero, porque al verlos sí creo que
uno pueda desear y amar de por vida, al verlos sí creo
en el amor y que sí hay un "juntos hasta que la muerte
nos separe", gracias por amarme como me aman
y por dejarme amarlos.

Agradezco a Eduardo Hernández; recuerdo que
estábamos sentados en la acera cuando le comenté
sobre mi libro y empezamos a pensar en un título y
surgió: Pájaros de papel, *"Cuando menos te lo esperes,
mi poesía irá volando hacia ti"*.

Agradezco la asesoría de Efrén Molina, Evelyn Castro,
Katherine Esquivel y Mauricio Aguilar, así como a
Esteban Chinchilla, por su paciencia y por ayudarme
en el diseño de la portada y la contraportada, un trabajo
perfecto. También, a Carlos Echeverría, por el trabajo de
fotografía tan espectacular que hizo.

Y por último, y no menos relevante, agradezco a cada
persona que hizo posible la creación de este libro,
simplemente no existieron las casualidades sino el
propósito y cada uno de ustedes lo fue,
gracias de todo corazón.

ÍNDICE

MANUAL PARA AMARLE

Te diría que en lugar de esos tulipanes le pongas
unos girasoles, después de todo su color favorito es
el amarillo y aman el sol, así como los girasoles, ¿o
es que no te das cuenta que su sonrisa es como la
primavera y que en sus labios guarda todo un jardín?

Te diría que le escribas cartas a mano, pero no esas
repletas de metáforas e hipérboles, sino esas cartas que
vienen en hoja en blanco, de esas que cuando le miras
sus ojitos no da lugar para la escritura y solo se te viene
una melodía de versos que llenen su piel y conquisten
cada uno de sus lunares, o no ves que ella es un océano
lleno de tormentas, pero qué rico que es navegar en
aguas no calmas, qué rico es ahogarse en sus besos y
perder el norte en su mirada.

Pues te cuento, que un beso no basta, que tienes
que darle 100... uno por cada segundo que tienes la
dicha de estar a 10 cm de su boca, uno por cada gris
que convierta en verde, uno por cada invierno que te
convierta en verano, uno por si acaso, uno como si
fuera el último y otros 100 más, por aquello.

Y por último, al mirarla salúdala como si hubiera
tomado un viaje sin regreso y al amanecer te
sorprendiera a la puerta de tu casa, abrázala, abrázala

fuerte hasta que tus brazos acerquen tu corazón al de
ella y lata tan fuerte que él mismo le pueda susurrar
que estás feliz de que esté ahí, que la amas y que no la
quieres dejar ir, que siempre la has estado esperando y
que toda una vida se ha tratado de ella.

Se me olvidaba…

Acaríciala con deseo y pasión, aunque ya sepas de
memoria el mapa de su cuerpo y solo tú sepas donde se
ubica ese lunar que ni ella misma se puede ver, bésala,
bésala exactamente en ese punto y se te hará vicio.

Haz cuanto te dije y le tendrás.

Le tendrás para un café, una tarde y puede a que para
una vida.

    Pájaros de papel

60 SEGUNDOS

A ti mi amor... dame tan solo 60 segundos en tus labios
en contra de tu lógica y tu corazón, para que veas cómo
todo ese invierno que te traes se derrite.

Que si bien ya tuve mis años viviendo en tu boca, hoy
en el exilio solo te pido un minuto para recordarte
cómo fue que te dibujé miles de sonrisas en el lienzo de
tus labios.

Que no te dejes ir por voces ajenas a nuestro amor o
por aquellas lágrimas derramadas en honor a nuestro
dolor, y digo nuestro porque no solo en ti alcanzaron
los rotos, también yo fui parte.

Tan solo dame un minuto para hacerte ver que somos
primavera y que el jardín de girasoles que guardabas en
tu sonrisa era yo quien lo cuidaba con mis besos, que
llevo un folio de escritos en mi mano pendientes por
entregarte y que aún no he desempacado porque me
rehúso a irme por más que me quieras echar.

Y es que entiende que solo compré el boleto de venida
y no de regreso y si me voy no sabré a donde ir, porque
de donde vengo es de tus brazos por los inviernos, aquí
estoy aún aguardando detrás de la puerta, en silencio
y con letras ya mojadas, mendigando un minuto para

derretir tus hielos, mendigando un minuto para hacerte
ver que aún somos primavera.

Toc, toc… tan solo una vez más…
Ya he tocado varias veces y entiendo que no quieras
abrir.

Entiendo que asesiné muchas promesas.
Entiendo que dije que la próxima navidad era a mí a
quien le tocaba pasar navidad con tu familia.
Entiendo que no cumplí con que nunca me iría.
Entiendo que no se le falla a quien una vez se le invitó
a cenar con su familia.
Entiendo que nunca hicimos aquella cena de tus padres
con los míos.

Pero acá estoy, tocando la puerta, ábreme te lo pido.

Te juro, te juro que aún hay un "nosotros" y que no hay
dolor más grande que el querer besarte y que por esta
maldita puerta llamada "tu orgullo", no pueda.

Ábreme, te lo pido, que ya han pasado muchos
inviernos y tengo frío, que ya no doy más, que las
lágrimas se secan y que ya siento que te olvido.

-Y no quiero…

OLVIDO

Te cuento que la foto que llevaba en mi billetera de ti ya no está, que ya borré tu número de teléfono y que te dejé de seguir por "IG", que ya no suelo ir los sábados a las 5:00 p.m. a la cafetería a la que solíamos ir y que evito ciertos bares donde sé que podre toparte, que ya no me pongo el suéter ni el reloj que me diste en un cumpleaños y aquellas almohaditas que me diste aquel 14 de febrero ya no están…

Pero sabes, una y otra vez insistes en volver… porque a pesar de que tu foto ya no está, apareces como un fantasma en cada vuelta de la esquina creyendo que eres tú pero no.

Porque he borrado tu número, pero me lo sé de memoria y cuando llegan los inviernos es cuando te escribo tantos mensajes no enviados y que tecla por tecla te escribo diciéndote todo lo que el silencio se ha guardado y me quedo paralizado al darle enviar o borrar.

Que ya no voy a la cafetería, pero aún sigue esa silla vacía por acompañante, esa que aún no ha encontrado tu remplazo.

Que ya no voy a los bares donde tú sueles ir, pero
cuando suenan ciertas canciones apareces, bailándome,
seduciéndome, tan solo como tú lo sabes hacer y me
sonríes en mi boca y ¡ay amor!, ¡cómo me arrepiento!,
¡cómo me duele!

Que los regalos que me diste ya no están, porque a fin
de cuentas no se trata de lo que tú me comprabas sino
de lo que solo tú me podías dar.

Y llegan los inviernos y el frío aparece y me recuerda
tu calor y el tiempo igual pasa y cuento los minutos
que llevamos haciéndonos los duros, yo ya me di por
vencido, yo ya me quedé sin metáforas y mucho menos
hipérboles… que las almohaditas que me diste ya no
están mi niña, pero malditas almohadas cómo hacen
falta, por lo menos ellas llenaban el espacio que dejaste
por ausencia en mi cama.

De qué me sirve bloquearte y eliminarte y tirar todo
al carajo, si aquí me tienes una noche más viendo tu
perfil, mordiéndome los dedos, pensando si escribirte
tan solo una vez más.

 Pájaros de papel

AVENIDA "TÚ"

Hay un lugar donde siempre
me quiero quedar
unos minutos más
y la dirección de tal lugar,
queda en la Avenida de tus abrazos,
exactamente en la Calle de tus besos.

Tú...
mi lugar favorito.

EN TUS PIERNAS

Sus piernas infinitas son mi camino
favorito a recorrer
lleva exactamente al paraíso.

Ella simplemente es la mujer
con la que siempre soñé,
con piel aroma café.

TUS BRAGAS

Y antes de que baje mi pluma y me diga una vez más que no volveré a escribirte, quiero decirte que la prenda tuya que tengo por colección ya perdió tu esencia, pero que los recuerdos... esos duran un poco más, recuerdos de tantas lunas, tantos fríos y nudos entre nuestras piernas, recuerdos de tu piel aroma a café y la batalla entre nuestras bocas, recuerdos de las historias de tus lunares, incluso de aquel que ni tú misma te puedes ver.

Porque mi abuelita una vez me dijo que lo duro de las rupturas del amor es que el amor muere, pero que los recuerdos viven un poco más.

Y ahora no puedo dejar de pensar en las muchas veces que cogimos y las otras que hicimos el amor.

En las muchas veces que te arranqué las bragas y te dejé desnuda sin opción y sin importar que tus amigos estaban a la par de nuestra habitación, te tomaba con fuerza, lujuria y amor.

Pero es que tú me encendías, me excitabas, me enloquecías… un destello de tu piel era gasolina a mi fuego y una chispa de tus labios lo que encendía toda una hoguera.

Acá tengo tus bragas, aquellas color fucsia y con bordado, el último recuerdo de las muchas sábanas que desarreglamos e hicimos collage…

El último recuerdo de los muchos gemidos ahogados entre besos y caricias dadas en compañía de tantas lunas.

Pero al final de todo, más que tu desnudez y un orgasmo, lo que más me gustaba…

-Es que era contigo.

EXTRAÑARTE

Directo y sin metáforas te quiero decir que te extraño.

Que existen noches más frías que otras y que hoy es una de esas, donde a falta de tus piernas el frío se hace presente y a falta de tus besos la soledad se siente.

Que te quiero decir que muchas noches después aún te amo y que los minutos silenciosos recostado en mi almohada me hacen pensar más en ti.

Que si aún te preguntas que si pienso en ti aquí tienes estas letras mi niña, que hay noches que te extraño menos y otras más, y hoy... es una de esas últimas.

Cómo haces falta por aquí, pero yo sé que fui yo el asesino de nuestros latidos, de nuestros suspiros, de nuestra luz y aquí me despido…

-Ya las metáforas comenzaron a surgir.

PENDIENTES

Y yo sé que fui el asesino de las navidades que nos
quedaban por vivir, que fui yo quien asesinó aquellas
metas que hoy son inconclusas y que tu primer viaje en
avión lo estrellé como quien arroja una piedra al vacío.

Que ahora tenemos un menos uno y quedamos en
número impar, porque ya no somos los dos, que nos
quedamos sin el próximo 14 de febrero y que se le
suma ahora un invierno más, mojándonos las mejillas,
mojándonos el alma.

Muchos besos y caricias ahora quedaron en deuda y
el dolor es grande y que hoy muchas noches después
dueles.
Dueles exactamente desde hace un verano y un
invierno
Dueles porque tu sonrisa hace falta por los pasillos de
mi boca

Dueles porque no encuentro tus besos ni tu mirada
más que en el álbum de mis recuerdos. Dueles mi niña
dueles, porque estas heridas del corazón no sanan y en
los fríos es cuando más rotos causas, que hoy es sábado
y ya no hay con quien acurrucarse entre las sábanas,
que hoy es sábado y ya no hay con quien ver Netflix.

Pero la culpa fue mía y tu corazón un puñito lo hice
y sin darme cuenta elegí mis miedos en lugar de tus
suspiros y tus latidos.

Perdóname mi niña, porque renuncié a la primavera de
tu piel, porque renuncié al jardín de girasoles que tú me
entregabas y al paraíso mismo y cómo dueles hoy 23,
cómo dueles.

MI PEQUEÑA

Sí hay una chica...

No mide más que el horizonte de mi mirada, pero cuando me ve hace bajar mi cabeza para aproximarme a sus ojos, a su océano, a su puta naturaleza, porque no sé si son azules como el cielo o verdes como las montañas, sus ojos tienen magia, una magia que ya tiene hechizada la media noche que tengo por mirada.

Sí hay una chica...

Y su piel es blanca como cada una de mis hojas en blanco, tan blanca que me dan ganas de escribirle poesías sobre su piel bajo unas cuantas lunas y uno que otro ocaso, porque su vientre me inspira y vaya paraíso el que esconde, tiene uno que otro lunar que me recuerda la constelación de estrellas que hoy aprecio, que hoy veo y me hacen pensar en ella.

Sí hay una chica...

Una que me provoca querer hablar solo unos minutos más antes de que duerma, que quede en línea y me deje compartir unas cuantas letras más, una que hace que se me escapen los pensamientos… ya saben, de esos que son parte de ese insomnio bonito en las noches y dan ganas de querer bonito una vez más, tan solo una vez más.

　　　　　　　　　　　Pájaros de papel

Sí hay una chica...

Que hace que olvide mis rotos, que desee verle, besarle
y cogerle.

—Sí hay una chica, tú mi pequeña, tú.

LETRAS MOJADAS

Salí a caminar bajo la lluvia para hacer una tregua con ella, pero se dio cuenta de que tan solo quería maquillar con sus gotas mi rostro, para que no se noten las que salían de mis ojos.

Salí a caminar bajo la lluvia y le pedí que ya no fuera cómplice de mis escritos, porque ya llevo un buen tanto de letras mojadas, que ya llevo unos cuantos lloriqueos y que cuando se hace presente es cuando más me provoca pensarla y escribirle.

Que ya la bandeja de mensajes no enviados está llena y que hay noches que ya me quedo sin metáforas, que hay noches donde el frío se hace insoportable y que mis rotos ya no dan a más.

Salí a caminar bajo la lluvia y a pesar de que le amo, porque me inspira, le confesé... que ya quiero que sea verano, que ya no quiero que duela.

Pájaros de papel

PROPUESTA

No te pido que me quieras, solo te pido que creas lo que
mi mirada te delata, que me matas, que me hechizas,
que traes magia sobre tu piel y que en el muelle de tus
labios quiero embarcar.

No te pido que me quieras, pero quiero que me regales
una lluvia de domingo y por qué no, toda una luna de
exploración de tus caricias con las mías.

Porque me traes mal, es que quiero tomarme un cerveza
en compañía de tu cuerpo y sin filtros embriagarme con
tu piel.
Porque tú, simplemente me miraste como siempre
había querido que me miraran.
Porque tú, me abrazaste y juntaste todos mis rotos y los
hiciste uno.
Porque tú, me devolviste la esperanza, la fe, las ganas.

Te advierto mi niña, que tengo el poder de hacerte
sentir cosas sin tan siquiera tocarte y de transportarte a
otros lugares sin tan siquiera moverte de donde estás…
o por lo menos eso me contaron sobre los escritores.

Te advierto mi niña, que llevo un paraíso en mi pluma y
que mi don son las letras y mi talento el darles la forma
de tu sonrisa, de tu piel, de tu boca y de tu aroma…
Que no serás la primera a la que le escriba, pero que
ando en busca de quien sea la última.

Te advierto mi niña que le escribo al amor, mas en él he
tenido grandes fracasos, que vengo roto y con un dolor
por carga y a ello debo que escriba tanto los domingos
por las noches; te confieso que lastimé la última vez
que besé unos labios sinceros y que hui de latidos que
dictaban amor por mí.

Te advierto mi niña que me encantan los tríos, las
metáforas, tu mirada y mi pluma, que me encanta
cuando hago el amor en mis hojas en blanco y derrocho
la pasión de mis manos en ella. Te advierto mi niña,
que me encanta la manera en que sonríes cuando lees
mis poemas -exacto tal cual estás sonriendo en este
momento- y que me gustas y que me encanta, porque
no sé si ya te diste cuenta pero siempre…

Se ha tratado de ti.

 Pájaros de papel

PENSÁNDOTE

Te entrego este ramo de letras, porque las rosas muertas
ya están y mis metáforas ya no dan a más…

De vez en cuando me pregunto cómo le haces para que
a la suma de tu ausencia aún te pasees por aquí, cómo
le haces para que en ayunas de tus besos aún pueda
vivir del recuerdo de tus labios. Que ya llevo noches
eternas sin verte y ya perdí la cuenta de cuántas veces
te he echado de menos y los te amo perdidos en el
silencio.

Que aún te escribo poemas y que mi corazón aún
se acelera cuando apareces en mi mente, que no te
supero mi niña, que no me encuentro y que todas mis
metáforas dictan tu nombre y mis poemas tienen la
silueta de tu ser.

Que aún provocas sonrisas en el vacío y que el fuego
nunca se convirtió en ceniza y que mis hipérboles son
cortas a lo que siento los domingos por las noches,
ese dolor interminable e infinito, dueles, simplemente
dueles.

Ahora ves, mi niña, que no había otra más que tú y que
las palabras de los terceros eran solo eso "palabras".

Ahora ves, mi niña, que los sábados a las 4 p.m. aún espero tu mensaje y veo mi celular… pero no estás, no estás…

Que nos quedaron películas por ver, bailes por bailar y noches de no dormir.

SEGUNDAS INTENCIONES

¡Preciosa!, hoy no te vengo con rosas o metáforas que destellan amor, calidez y magia.

Hoy vengo con segundas intenciones, porque la verdad es que me tienes mal y no hago más que pensar en esos lunares que a simple vista no puedo ver.

La verdad es que quiero desnudarte hasta el alma y navegarte de norte a sur hasta haber creado un "collage" en tus sábanas y que tus manos no den a más y no tengan más escapatoria que clavar tus uñas en mi espalda como alpinista que escala una montaña.

Que me traes mal preciosa, que me traes mal, que no te pienso enamorar porque de jugar con los sentimientos no soy, pero que sí vengo dispuesto a jugar con cada parte que te compone, empezando por tu cabello para que se haga nudos entre mis dedos y luego con tus piernas para que como juego de "tetris" se acoplen a mi cuerpo y ahí, ahí mi niña es donde vamos por medio tiempo de partida, porque en el primero fue mi boca quien estuvo jugando con tus labios y no precisamente con los de tu boca.

Sin filtros mi guapa, sé que venimos rotos, pues destrocémonos un poco más hasta que quedemos adoloridos de placer, hasta que nuestros latidos estén acelerados y nuestros alientos ahogados en un beso, que ojalá provoquen un tiempo extra y porque no, la revancha por partida doble.

Me dicen que ya es tiempo de superar tus letras, que ya llevo la suma de 2 inviernos y 1 verano, que ya es tiempo de olvidar la curva de tus labios y la silueta de tu cuerpo. Me dicen que ya es tiempo de superar tus páginas y que es hora de cerrar el libro, ese que lleva por título "Tú" y por intro "Nuestra historia", que ya es tiempo, que ya es tiempo. Me dicen que deje de leerte mi niña, aunque ya lo único presente es tu ausencia y lo único que me hace desperdiciar mi tinta es tu recuerdo.

De todo cuanto me dicen es que *"te supere, que la vida sigue y que nadie muere de amor"* ya sabes, esa receta que está más trillada que el paracetamol… pero lo que no saben es que lo he intentado llenando todo un océano de páginas que ahora le llamo "libro" y que por más que escribo no te olvido y que escribo porque las lágrimas ya no dan a mas, esas que ya se secaron y que hay días que las metáforas ya no dan a más y que no me queda otra que escribirte sin maquillajes, sin filtros ni hipérboles, que hay días donde sé que estoy a un mensaje de decirte tanto, pero queda en bandeja de mensajes no enviados.

Y aquí me tienes, asesinando mis gritos con silencios, agonizando en mis letras y ahogado en los recuerdos de lo que una vez se llamó tú y yo.

Creo que siempre seremos esa pareja que merecía una oportunidad más, esa que se quedara con la incógnita del qué hubiera pasado si un beso hubiera sido parte de la despedida y un *"no te vayas, porque aún nos queda magia"* antes de que el otro diera la espalda.

Creo que por más que pasa el tiempo aún faltas en las fiesta familiares y que aún hay una silla que sigue vacía y se siente, se siente porque ahí era el lugar de tu sonrisa y te cuento que de vez en cuando aún surge la pregunta *"¿Y qué paso con aquella niña con la que llevabas tanto tiempo?"*.

Mi niña, hay noches donde me pregunto si tu herida y dolor es tan profundo como para no volver a creer en el amor tal cual sucede por acá, que a veces me pregunto si así como yo, equívocamente me buscas en otros labios y otra piel, pero que al despedirse te das cuenta de que te abrazan pero sigues teniendo frío, de que te besan pero no hay primaveras y de que te miran pero no hay la puta magia que tú dabas, no sé si te pasa, que de vez en cuando me buscas entre las personas y fantaseas con lo que harías al verme y que por ese leve segundo se te acelera eso que le llamamos corazón.

No sé si te pasa, que cuando el celular suena en medio
de la oscuridad piensas que soy yo.
No sé si te pasa, que lees esto y recuerdas nuestra
historia.

Cuanto nos amábamos…

No mi niña, no te equivoques… no es que él te haga sentir en un mes lo que yo no te hice sentir en años, lo que pasa es que venimos rotos y cuando llega alguien y trata de juntar nuestros pedazos se siente bien y cualquier líquido en el puto desierto se hace sentir bien.

Pero ahora ves mi niña, que cuando lo besas sus labios no saben leer los tuyos y que sus manos no encuentran cómo acoplarse de a primeras con las tuyas, que para él te vuelves un cubo Rubik imposible de descifrar y que no se da cuenta de que tu piel es una página en blanco donde solo mis letras alcanzan.

Y ahora que te tengo pensando en mí, perdona estas letras sin previo, pero me di cuenta de que tratas de reemplazar la magia que una vez llamamos nosotros.

Ahora que te tengo pensando en mí dime… dime, mi niña, si de verdad él te hace sentir que no necesitas más que la ecuación de nuestros labios a 6 cm para restarle 7 cm y la suma de tu cuerpo con el mío, dime si él sabe el cómo y el cuándo provocarte, que tus "no" no son "no" cuando sonríes y que te gusta que te escriban cartas a mano.

Y que a pesar de que ya no aceptas las letras de este escritor, aún las lees en anonimato.

MI MAL NECESARIO

Tú me enseñaste a bajarle la velocidad a mi
motocicleta, para disfrutar el camino… me enseñaste
que mi jacket me protegía de los golpes, pero también
de la brisa, del sol, del aire, de la lluvia y que de vez
cuando vale la vida disfrutar de aquello.

Tú me enseñaste a no seguir los senderos en la
montaña, que de vez en cuando hay que salirse del
camino y perderse para encontrarse a sí mismo y ahí
iba yo, a tus espaldas y mi corazón latiendo a mil,
viendo cómo tu silueta combinaba con la naturaleza y
cómo tu sonrisa y tu mirada me llenaban.

Tú me enseñaste a extrañar, a querer y hasta a tener un
poco de celos, tal vez porque eras mi mal o mi bien,
tal vez porque siempre fuiste ese libro que no pude
leer porque la portada de tu mirada me entretenía y me
hechizaba a tal grado que no necesitaba más, tal vez…
porque eras tanto que por momentos hasta llegué a
sentir que mis rotos ya no eran rotos y tan solo eran un
collage.

Tú mi pequeña, fuiste ese primer beso bajo la lluvia,
fuiste esa tormenta, fuiste esa locura y lujuria, fuiste mi
mal necesario.

Dedo por dedo mi mano hoy colapsa salpicando de sangre mi hoja y llevando como tinta las lágrimas que hoy no dejan de cesar.

Que ahora son tan solo unos latidos moribundos quienes dictan estas palabras y que a pesar de que ya estamos en verano hoy paso mi peor invierno, aquí no para de llover.

Dueles desde la noche que abrí mis ojos y no eras tú quien estaba frente mío.
Dueles desde que escribo poemas y no estás para leértelos.
Dueles desde el día en que sonó nuestra canción y no tuve con quién bailarla.
Dueles desde que mi celular ya no resuena con un *"¿cómo te fue en el trabajo?"*

Pero hoy dueles más que todas las noches juntas, hoy mis manos se desvanecen… esas que te han escrito poemas desde que no estás, esas que te acariciaron tantas veces y se perdieron en tu cuerpo, esas que te dieron tanto amor.
Se desvanecen mis letras, se desvanecen mis manos, me derrumbo yo y dentro mío grito -*Que alguien me sostenga*- que sostenga estos rotos que aguardaban por ti.

 Pájaros de papel

Que sostengan esa esperanza de que algún día
aparecieras con ganas de mis besos y un te extraño
como hola.

Que alguien me sostenga, porque hoy los rotos no me
dan a más, no dan a más, que alguien me sostenga…

Aquí frente a tu ventana a eso de las horas cuando la luna aparece y tus ojos ya cerrados están me encuentro.

Mientras tú duermes yo estoy a escasos 3 metros de tu respiración en la calle, tan solo al otro lado de la ventana pensando si seré parte de tus sueños, pensando si aún me piensas y queda algo de mí por los pasillos de tus labios.

Aquí frente a tu ventana solo una vez más, vengo a despedirme… a despedirme porque ya el dolor se ha vuelto tan grande que el único sedante que se me ha ocurrido es el olvidarte, el asesinar nuestros recuerdos y tirar de una vez del puente de mi mente el eco de tu sonrisa, porque al parecer el único que no ha superado nuestra historia soy yo.

Mi corazón te grita mi niña, te grita desesperadamente diciéndote que aquí estoy a 3 metros de ti y que nunca me he ido y aunque antes estaba a centímetros de tus labios, aquí estoy a 3 metros de tu ventana, pero hoy me voy, me voy porque ya no puedo más con esto que hiere y me mata por dentro lentamente, pero aquí en el jardín que nos separa te dejo una "Página en Blanco".

Porque sé que nadie podrá leerla más que tú.

Porque al abrirla, sabrás que fui yo quien la dejó sobre
los girasoles.
Porque al abrirla, verás recuerdos y sabrás que estuve a
escasos 3 metros de decirte tanto

-La luz se enciende y tu silueta por la ventana, me voy
sin mirar atrás… sin mirar atrás y mis ojos con agua y
sal…

Te digo adiós.

Aquí te dejo estas letras mi niña, por si las buscas, por si las necesitas.

Si buscas un adicto a las letras, a alguien que cada noche te escriba versos en tus labios y te despierte escribiendo versos en tu piel, aquí me tienes.

Si buscas alguien que no se canse de verte y que conforme pasen las lunas te desee cada vez más y el fuego tenga envidia de aquello, aquí me tienes.

Si buscas mi niña, alguien que se emocione como "Firulais" a su dueño y se tire encima de ti y te abrace y te bese en público sin pena al qué dirán, aquí me tienes.

Que mi piel es aroma a café y que la media noche se apoderó del color de mi mirada, que si pasas más de 10 minutos conmigo te diré lo bonita que eres y que posiblemente no pueda contener mis ganas de abrazarte a cada minuto, que soy un cariñoso empedernido y que vivo de las letras.

Que no soy un santo y que soy un romántico perdido, que eso es lo que te ofrezco, que eso es lo que soy y que aquí estoy con una taza de café exactamente a las 10 con 30 y me dio por pensarte. Pensarte… porque

     Pájaros de papel

solo basta un "Like", un mensaje, un destello de tu
existencia para apoderarte de mis pensamientos.

Pero no sé lo que buscas, que vienes y te vas, que yo no
quiero nada con nadie, pero que contigo lo quiero todo.

Entre migajas de pan y un café que está por terminar
se derrochan letras en un pedazo de papel, letras que
llevan tu nombre, letras que llevan estas ganas de verte
y sentir que soy tuyo, sentir que no necesito estar en
otro lugar más que en tus brazos.

Que aquí estoy y son las 10 con 30 y solo pienso lo que
me gustaría acompañar mi café con tus labios, con tu
mirada, con tu ser.

POR SI NO TE VUELVO A VER...

Te regalo esta pulserita con un caballito de mar, para
que recuerdes cómo en una tarde lograste que un
extraño naufragara en el océano de tu mirada y quisiera
descansar en las costas de tu piel.

Por si no te vuelvo a ver.

Te regalo mi canción favorita, te la regalo porque hoy
estás a centímetros de mi boca y no hallo las palabras
para expresarte lo que siento cuando tu nariz besa la
mía, por ello… aquí te dejo mi canción favorita, por
si la gustas, por si te llena… *"Te doy media noche -
Andrés Suarez"*.

Por si no te vuelvo a ver.

Te contaré un secreto, uno muy corto… Y es que desde
el día en que te vi colonizaste mis pensamientos sin
resistencia alguna.

Pero, ¿quién podría resistirse a tu sonrisa?

Por si no te vuelvo a ver.

Te haré una confesión, te diré que hoy y ahora te
digo guapa entre sonrisas, pero que de vez en cuando

 Pájaros de papel

imagino el día que le agregué el adjetivo "Mi", que
ahora te tengo aquí cerca y las palabras son asesinadas
por tu silencio, siendo cómplice tu respiración rosando
mi mejilla y no aguanto más y te lo digo: -No te has ido
y ya te quiero volver a ver- sonríes y yo me pierdo.

Por si no te vuelvo a ver.

Te contaré algo de mi vida, y es que llevo unos cuantos
inviernos pensando quién tomaría esa tasita de café que
ahora tú sostienes.

Y te miro.
Y te admiro.
Y me vuelves loco.

Que tu esencia me gusta, que me haces bien y que
el tiempo deja de existir cuando cerca estás, tú
simplemente tienes el poder de volver las horas en
segundos.

Por si no te vuelvo a ver, mi niña, te di todo, un
recuerdo, mi canción, un secreto, una confesión y un
pedacito de mí…

Simplemente te llevaste mi ser y no me importa, no
importa porque por mí puedes saquear cada uno de mis
latidos y llevártelos también.

Desearía conquistar tu mirada —le dijo viéndole—, aunque algo me dice que el hecho de que tus brazos rodeen mi cuello ya me hace afortunado.

Ella lo mira, sonríe y posa sus manos sobre las mejillas de él, lo toma suavemente, se acerca y por primera vez sus labios bailan con los de él, se abrazan, se toman; él había estado esperando ese beso desde hace muchos inviernos a pesar de que ella no llevaba más de un verano a su lado, él sintió cómo poco a poco sus hielos se derretían, sintió cómo sus ojos se cerraban y solo bastaba con tenerla a ella mientras *All of the stars*, de Ed Sheeran, sonaba de fondo, paso tras paso, solo eran él y ella, el beso termina y él abre los ojos y ahí estaba ella, con ese océano infinito viéndole fijamente y le dice: "Por favor no me falles". -Con una mirada indescriptible, de esas que te llenan de magia-

Él la mira con sus ojos negros y tal vez y solo tal vez ella esperaba que el dijera "no te fallaré", pero él le dijo:

-Y tú nunca te vayas, te quiero cerca…

Tal vez porque a quien tienes cerca no le fallas, porque a quien tienes cerca lo llenas, vas por todo o nada, tal vez porque a quien tienes cerca lo tomas entre tus brazos y no lo dejas ir. Ella le hacía bien, ella le daba paz, una paz que tenía muchos inviernos de no sentir.

Ella rodea nuevamente el cuello de él con sus brazos y reposa sus mejillas sobre el pecho de él, sigue el baile lentamente, paso a paso, sin nadie a los lados, solo él y ella, solo él y ella.

Era la hora exacta, el momento perfecto, en el lugar indicado, entre sus brazos simplemente el invierno terminaba y la calidez de su piel había llegado a darle el verano que tanto estaba esperando.

Mi niña… te cuento que todos venimos rotos de una
u otra forma y que más de una vez nos han fallado y
convirtieron aquellos sueños de verano en invierno.

Así que…. ¿Qué te parece si me dejas ver tus rotos
y dejas de maquillar cada herida que compone tus
latidos?
¿Qué te parece si comienzo por darte un beso en la que
más te duela?
¿Qué te parece si me dejas posar unas cuantas caricias
y plantar un jardín de girasoles en la que este más
abierta?

Que solo porque unos no vieron el arte que eres, no
quiere decir que no lo seas.
¿O es que no ves?, que ni Picasso podría dibujar tu
sonrisa y los atardeceres más perfectos que das con ella.
¿O es que no ves?, que Dalí no sabría cómo imitar el
color de tus ojos, ese océano que llevas por mirada.

Que tú no necesitas de espejos, ilusiones o un conejo
escondido entre un sombrero para ser magia, porque lo
eres…
Lo eres, porque el tiempo vuela cuando cerca estás.
Lo eres, porque con solo un abrazo das calma y
conviertes un invierno en verano.

Que aquí estoy mi niña y si lo dudas, solo siente cómo
mi corazón se acelera.
Si lo dudas, tan solo mira cómo mis labios piden tu
boca.
Si lo dudas, tan solo mira cómo mi lugar favorito se
convirtió el estar entre tus brazos -entre palomitas y
Netflix-.
Si lo dudas mi niña, tan solo mira lo que dice mi
mirada.

Déjame estar en tus inviernos para darte calor.
Déjame estar cuando tus lagrimas acaricien tus mejillas
para darte mi hombro -después de todo ya es tuyo-
Déjame estar en tus silencios, igual me gusta lo que
dicen tus miradas.
Déjame besarte, abrazarte y entregarte mis latidos, que
ya soy tuyo.

Y hoy, antes de dormir y como siempre, un beso en tu
frente, déjame decirte al oído: Aquí estoy mi niña, aquí
estoy.

LEVE ILUSIÓN

Te juro que ella me vuelve loco.
Te juro que ella me tiene en sus manos.
Que sus silencios me bastan cuando sus caricias me
hablan.
Que su mirada penetra mi alma y sus besos conquistan
mis labios.

Ella es como un amanecer, te lo digo, que no había
visto nada más bello que verle dormir a centímetros de
mi boca y cómo aquello te llena de tanta felicidad.

Ella simplemente es
la mujer con la que siempre soñé.

UNA TARDE DE ABRIL

Que ya llegará ese amor por el que tanto sueñas y
deseas.

Que ya llegará para escribirte poemas.
Que ya llegará para cantarte canciones.
Que ya llegará para compartir silencios, porque tu
mirada todo lo dice.

Que ya llegará mi niña, quién te vea como arte y magia
y dibujara "collages" en tus sábanas, que tu boca le será
suficiente y que no dejará de verte las nalgas.

Que cada día te va desear más y más, y que te besará
cada extremo de tu cuerpo.
Obsesionado, loco, extasiado y enamorado de ti... ya
llegará.

Que no podrá soltar tu mano, que no podrá por un
carajo soltarte la mirada.

Que hoy en una tarde de abril te pensé, por favor llega
pronto, ya quiero saber cómo te gusta el café, que si te
gusta el cine y la montaña.

Que si te gusto yo.

A MI CHICA

Quiero pensar que en algún lugar del mundo me
esperas sentada en una mesita y dos tacitas de café, con
tu mirada perdida al vacío y la lluvia de compañía.
Quiero pensar que tienes frío, pero no te cobijas porque
llevas unos inviernos esperando el abrigo de mis
abrazos y la fogata que llevo por piel.

Quiero pensar que no te gusta leer, que no te gusta leer…
Pero que al verme llegar verás que mis dedos están
llenos de tinta y que llevo varios inviernos escribiendo
sobre cómo será el día que por fin te vea y así…
cuando el sol se oculte y entre sábanas leerás mis letras
en compañía de mis besos y te darás cuenta *de que
siempre se trató de ti, de que siempre se trató de ti*.

Que será la primera vez que tengas por pareja un
escritor, y yo, pues, será la primera vez que estaré con
quien yo siempre soñé.

Quiero verte bailar.
Quiero verte reír.
Quiero verte dormir en mi pecho.
Quiero irme y que no me dejes ir *-solo un ratito más-*.
Quiero verte llegar y saltar de emoción, abrazarte,
comerte a besos y que sientas pena de tanto cariño en
público *-y sonríes y yo me enamoro más-*.

Quiero abarrotarte de cartas a mano y mis frases en tu oído. Quiero darte este corazón que hoy late por ti, sin tan siquiera conocerte.

Aquí te aguardo, sé que pronto llegarás.

GANAS DE TI

Mi piel se levantó sedienta de tus caricias y mi boca,
de tus besos.

Hoy mi niña sin filtros, te paseaste por mi mente
desnuda -exploraba cada rincón de tu cuerpo- y es que
simplemente de tu armario tu desnudez es el mejor
atuendo que tienes.

Tus lunares como estrellas.
Tus estrías como la mar.

Tu piel, tu boca, tu cabello y esa mágica mirada...
Simplemente toda tú es lo que hace falta entre mis
sábanas... cuánto te deseo, cuánto me excitas, cuánto
me vuelves loco.

¿Qué te parece si vienes? Tan solo compartiremos una
lluvia, una luna, unos cuantos besos y si nos da para
más... pues ya veremos qué tan bien jugamos tetris y no
necesariamente el vídeo juego.

SILENCIO

Es que no tienes idea del ruido que hacen las
madrugadas cuando todo calla.

Cuando tu voz susurra a mis oídos tus recuerdos y tus
pasos retumban en el pasillo de mis pensamientos.

Insomnio, insomnio porque te pienso cuando sé que tú
dormida ya estás, pero así de masoquistas somos.

Que cuando uno ya olvida el otro le recuerda y que
por más que trate de enterrar promesas en un océano
de hojas, las letras no terminan, no desahogan, no
liberan...

Que ahora no encuentro qué hacer con esta pluma que
no para de dedicarte versos y que no para de llamarte
a gritos. Que ahora no sé qué hacer con estos latidos al
vacío que no encuentran consuelo -*no entienden que tú
ya no estás*-.

Maldito silencio, no deja de susurrar esas pesadillas
que el sueño no concilia.

Perdóname por pasar tanto tiempo sin visitarte -*sí lo sé, ya va más de un año-*. ¿Que qué traigo en mis manos?

-Pues traigo un libro y un whisky (*de este último ya hablaremos luego*).}
Traigo un libro, me conoces… nunca fui de regalar rosas, porque las letras viven aún más que nosotros mismos.
Traigo un libro, porque quiero leerte, no sé si donde estás puedes sentir el placer de oler un libro nuevo y el acariciar las letras de una página, seguramente sí, pero quiero pensar que en este mundo mortal aún te puedo dar algo.

Ya no doy a más… -*Las lágrimas forman parte del juego-*.

Traigo un libro porque leí un poema que me recordó a ti y te lo leeré, aunque seguramente no te gustará, porque nunca te gustaron los poemas, aún ni los que yo te escribía, pero aun así los escuchabas y como pago me sonreías…

-*Joder, aquella sonrisa reparaba todos mis rotos y calmaba mis tormentas-*.

Sabes, eso de que el tiempo lo cura todo es mentira,
uno no se cura… tan solo aprende a sobrellevar la vida
con tal dolor y confieso… -un suspiro-… confieso
que por eso no quería volver, porque pensé que podía
olvidarte, porque pensé que podría seguir mi vida sin tu
sonrisa, sin tu mirada.

Perdóname *-susurro en silencio y lágrimas de sal-*.

¿Que por qué te pido perdón?

Porqué te prometí tanto y no lo logré, de hecho…

encontré el amor de mi vida *-ella estuvo en tu partida-*
y le dejé ir, no supe qué hacer con tanto, no supe…
-silencio-

Perdón, porque te dije que haría tanto, pero desde hace
un tiempo mis ganas se fueron y error por error fui
colapsando, me ha costado levantarme… no caería mal
uno de esos abrazos tuyos que me armaban en uno solo.

¿Que por qué lloro?

Porqué tú no estás, porque ella no está, porque leí un
poema que me recordó a ti y porque estoy aquí sobre tu
tumba y tú no me escuchas.

-Es tiempo del whisky.

Dedicado a Melanie M.

Ella construye mi sonrisa y una vez al mes tengo
mi cita con ella, veo el vicio del café en su mirada
concentrada en mí y su blanca piel mientras me explora
y yo le veo, cuántas cosas he pensado porque ya
llevamos un tiempo viéndonos, un tiempo de silencios,
un tiempo de invitaciones no dadas, cenas inconclusas
y mensajes no enviados *-la llamo mi odontóloga-*.

-Me llamas cobarde… y lo sé, pero si la vieras me
entendería, que su sonrisa intimida, que una vez al
mes la abrazo y que huele a magia, a lo que quiero, a
primavera, a vicio y valga por Dios, huele a eso que
envuelve y te quieres quedar unos minutos más.

Una vez al mes la veo y te puedo decir que se pone de
puntillas al abrazarme y darme un beso, que su cabello
es negro como la noche y que es de esas pequeñas que
dan ganas de estudiarla, de leer letra por letra y contar
sus lunares y pecas, esos pocos que he podido ver, pero
estoy seguro de que tiene toda una colección.

7:00 p.m. *Guns and roses* de fondo, ha terminado la
cita… el mes que viene le veré y una vez mas no le
dije: "¿salimos?".

Si por belleza nos fuéramos tenemos
excedente de inventario,
ahora guapa cualquiera.

Por eso me gustas tú, porque sin filtros
de IG y Snap me pareces arte.

Me gustas por tu magia, por tu primavera,
por tu calor y esa inusual forma de escalar mis hielos,
de ser mi mal y mi bien necesario, de ser mi subida y
mi bajada…
de ser mi montaña rusa.

De vez en cuando en mi IG hago un espacio que se llama "Un minuto enamorado de ti", en donde cada persona que me escribe me cuenta a qué se dedica y yo le hago escribo unos versos, este es el resultado de algunos:

AEROMOZA

Y es que qué bonita que te ves allá arriba, haciendo sentir celos a la Luna y haciendo ver a las estrellas que tú también posees una constelación de lunares en tu piel, qué celos han de tener.

Cuántas veces has volado yendo y viniendo, pero siempre viviendo en un hospedaje 5 estrellas de mi mente, inquilina por alta demanda de pensarte, de desearte y querer un ascenso de tus labios en mi boca.

Deseoso por yo hacerme piloto y volar en tus pensamientos, en tus enredos, en tus hielos y tus turbulencias, porque tal vez no te has dado cuenta pero desde aquí abajo te veo brillar, porque cuando sonríes amanece y cuando cierras tus ojos anochece y como boleto de vuelo llegas directamente a la boletería de

    Pájaros de papel

mis sueños, para volar en ellos una noche más, para
verte una vez más y solo por hoy…

quédate o llévame.

ENFERMERA

Ahora te cuento que tengo unos cuantos rotos
colgando, ven y con un abrazo júntame los trozos que
yo mismo me hice, cóseme con tu amor y anestésiame
con tu sonrisa.

Tu café se ha enfriado, pero yo te lo caliento, unos
inviernos he pasado mientras tú cuidas ajenos, pero
mi corazón en vela te ha esperado hasta el amanecer
porque sé que eres el ángel que puso Dios acá en la
Tierra por falta de inventario en el cielo y es que ¿no
ves?

Que tus vestiduras blancas y puras son, algo así como
tu hermoso corazón, que cuando sonríes le regalas
hermosos otoños a los que te rodean y que cuando otros
frío tienen, tu calor le das.

Ven y dame un poco de ello, ven que te he estado
esperando por un tiempo, regálame tus otoños, tu calor,
tu amor.

MEDICINA

Hola doctora, quiero comentarle que vengo con
sobredosis de melancolías, que tengo alta la fiebre por
el frío de sus silencios. Sé doctora que no merezco ni
una sola dosis de sus besos, pero aquí me tiene y adicto
le soy.

Doctora, sé que no se lo he dicho, pero aquí estoy
como paciente a corazón abierto, dejándole mis miedos
y haciéndole ver que con usted es con quien quiero
estar, que no me importa la cuenta bancaria que lleva
por ojeras de tantas noches ahorradas en desvelo, ni su
cabellera despeinada, así la deseo, acepte este pecho
como almohada y estas manos que llevo muchas
caricias guardadas para depositar en su melena.

Acérquese tan solo un poco más, que medicina a mi
latir, a mi alma y a mi ser eres.

MAQUILLADORA

Maquíllame estos hielos que frío estoy, ven y tráeme
el calor de tus caricias y dame polvitos de amor.
Ruborízame los latidos del corazón para disimular un
poco lo acelerado que se siente cuando cerca estás.

Déjame mirarme en el espejo y no te lo tomes a mal, no
me gusta cómo me maquillaste; creo que lo que hace
falta es un tono más fuerte de tus besos, lo que hace
falta es que en el reflejo del espejo no solo sea yo, sino

                    Pájaros de papel

un nosotros, tú mirando cómo me veo y yo mirando el gran arcoíris que eres.

RELACIONES PÚBLICAS

Y qué te parece si estudiamos la relación entre los latidos de tu corazón y el mío, pongámonos de acuerdo y saquemos el FODA que distancia tu boca con la mía.

Elabora la estrategia para que mis caricias puedan llevarse con los objetivos de tu piel, pero para serte sincero, de ti no sé nada. Solo sé que me interesan tus lunares y tus mares, que tus cabellos tientan a mis manos para hacerte enredos y que quiero analizar cada parte de tu ser.

CONTADORA

Ven y cuéntame los lunares que llevo en la piel, te cuento que tengo uno que otro en saldo pendiente, pendiente de tus caricias, pendiente de tus besos.

Acércate tan solo un poco más y has la suma de nosotros dos, puede que a ti $1 + 1$ te dé 2… pero para mí cuando se trata de nosotros dos da uno. Uno porque somos verano, uno porque nuestros latidos no van de la mano, pero nuestros corazones uno son.

Ven y deposita en la cuenta bancaria unas cuantas sonrisas, unos cuantos besos para que cuando te ausentes y quedes en deuda aún te tenga.

MAESTRA

Enséñame un poco de la ciencia que esconde el sabor
de tus besos.
Enséñame español para poder entender el lenguaje de
tu dulce mirada.
Enséñame matemáticas para saber si la suma entre tú y
yo da uno.
Enséñame estudios sociales, para aprender sobre las
cordilleras y ríos de tu piel.

De todo cuanto me enseñes, enséñame esa química que
hace que pierda la cordura cuando cerca estás.

BAILARINA

Te diría que bailemos, pero por hoy quiero descansar
nuestros pasos.

Hoy quiero que mis manos bailen en tu piel y mi boca
con tu boca, hoy quiero que cada paso de mis caricias
nos lleve a latidos acelerados y que por un minuto y a
ojos cerrados nos perdamos, porque así es el amor, no
se ve, se siente.

Bailemos con nuestras caricias, con nuestros besos,
bailemos bajo la sinfonía de nuestros alientos y que la
luna y las estrellas nos adornen el cielo.

ODONTÓLOGA

Me han dicho que construyes sonrisas y hoy te pido que me diseñes unas cuantas con tus delicadas manos.

Distal o mesial, no importa por cual lado vayas a escoger, lo que quiero es que estés a 1 cm de mi boca y solo tal vez labio con labio.

Dibújame una sonrisa y hazme reír, que con tu mirada fija en mí veo que escondes un largo paisaje en tus ojos y mientras tú te pierdes en lo tuyo, yo me pierdo en ti, pensando cómo conquistar tu mirada, pensando cómo hacer para ser yo quien sonreír te haga.

Si supieras que mientras me atiendes yo estoy pensando una excusa para invitarte a salir.

Si supieras las miles de veces que he querido tener el valor de que los abrazos duren un poco más al saludarte, pero mi valor caries tiene y mi valentía problema de nervios tiene.

NETWORKER

Qué te parece si comenzamos por el "upline" de tu cuerpo, por esa mirada que crea redes de alegría y hace que me firme día con día… Y mientras el plan de acción se da voy tomando apuntes de cómo colonizar tus cabellos con las yemas de mis dedos.

Poco a poco quiero subir de rango y no me importa ser
tu "downline", después de todo en tu vientre creo que
hay un jardín de primaveras, un paraíso entero.

Tómame con tus manos que me han dicho que líder
eres, lidera cada latido de mi corazón, lidera cada
centímetro de mi piel, que hoy quiero ser el diamante
de tu mirada y el rubí de tu sonrisa.

NUTRICIONISTA

Dame un poco de esa dieta rica en besos, abrazos y
miradas.
Dame un poco de esa dieta que nutre mi alma y
corazón y hazme ver que mis sentimientos y emociones
en forma de tu sonrisa pueden estar.

Enséñame que puedo amar una vez más.
Enséñame la vitamina de tu alma que nutrirá mis letras
y se despojaran en folios, dime el peso exacto, pero
réstale dos kilos, un kilo por los besos pendientes y otro
kilo por los que han de venir.

FISIOTERAPIA

Te diría que me quiero volver a enamorar de ti, pero
la verdad es que nunca he dejado de estarlo, de lejos
te admiro, de lejos te veo, viendo esas primaveras que
llevas por manos, deseando que tomes mi cuerpo y
veas cómo mi piel te quiere pertenecer, te regalo uno de
mis músculos para que lo estudies, es uno que late por

          Pájaros de papel

ti y no te extrañes si al tenerlo en tus manos se acelera,
pero es que tu sonrisa es el jardín por el cual siempre él
ha querido pasear.

Ahora que estás aquí y sonríes mientras lees esto y me
miras y me tomas con tus manos quiero confesarte que
mis hielos se derriten y mis miedos mueren, que cálida
eres y paz tú me das… tómame con esas fuertes manos
y no me sueltes, dame terapia intensiva de tus besos
y las caricias que escondes en las yemas de tus dedos,
dame esa terapia de tus lunares que quiero yo conocer,
dame la terapia de tu hermosa piel que poesía es.

ARQUITECTA

Hoy quiero contarle que necesito una remodelación en
mi corazón, que llevo un tiempo pensando en el diseño
de tus labios y un poco en el de su cintura.

Que he pensado que el color que combinará con las
paredes es el de su piel y que podemos adornarlo con
uno que otro de sus lunares.

Arquitecta, déjeme decirle que quiero hacer cimientos
de amor, columnas de sonrisas y vigas de caricias, que
construyamos un pueblito de besos en su vientre y me
permita ser su peón.

Diséñeme un espacio similar a esa mirada coqueta que
tiene y le juro que firmo por contrato.

Y ahí estás como loco suicida al borde de un puente,
pensando si hacerlo o no,
que tus dedos se separan a milímetros del *"click"* enviar,
pero a kilómetros de distancia de tener tal valor.

Una guerra entre el corazón y la mente comienza,
tu mente diciéndote que su piel ha decidido estar en
huelga y que su silencio dice más que este poema.
Mientras que tu corazón dice hazlo.

Los dedos se muerden, una guerra entre el corazón
y la mente dio comienzo,
gota tras gota se rigió una gran batalla
y solo por esta vez,
el corazón ganó.

-Mensaje enviado-

Hola…

¿Y qué pasaría si en lugar de dedicarte un insomnio, te
dedico una canción?
Igual tienes la manía de meterte en ellas.
Igual y no sé cantar y de todas formas ya que más da,
acá te paseas por mi mente una noche más.

Que aquí me encuentro, pensando cómo escribir versos
en tus labios con los míos.
Que aquí me encuentro, pesando que cuando llegues
por este café pendiente, leeré cada página de tu piel,
que le estudiare cada peca y cada lunar.

Y qué van a saber los demás de ti, qué van a saber de
bellos atardeceres si no te han visto sonreír.
Qué van a saber de bellos sueños si no han estado a
centímetros de tu boca soñando el mar de emociones
que causaría un beso tuyo.

Y es que ahora ves, que al ver tu rostro es como leer
una poesía hecha piel.

Si me das un sí, te cuento que los viernes por la noche nos iremos de baile, bailaremos como locos y rosaremos nuestros labios entre canciones, te susurraré en tu oído uno que otro secreto y te veré fijamente a los ojos para contarte con mi mirada lo guapa que te veo y lo dichoso que me siento de tenerte a mi lado.

Si me das un sí, te cuento que los sábados, nos iremos de cena, tomaremos unas cuantas copas de vino y nos embriagaremos entre sonrisas y besos, nos comeremos algo bien rico y tú elegirás mi platillo y yo el tuyo, pero de postre siempre te pediré a ti, te pediré a ti porque no hay nada más exquisito que tenerte y pasearme por tu piel, navegar con mis manos tu cuerpo y perderme en tu ser.

Si me das un sí, te cuento que los domingos nos levantaremos tarde, nos levantaremos hasta que el sueño se nos quite y despertemos y veamos lo dichosos que somos de tenernos, de ser uno, de amarnos y desearnos y que en lugar de desayuno nos quedemos comiendo nuestras pieles y nuestras bocas, que los gemidos sean parte de la alarma y las sábanas el testigo de que podrías llevar cien años a mi lado y yo te seguiré deseando como el día uno, con lujuria y locura.

Si me das un sí, los lunes antes del trabajo te comeré
una vez más, para que veas que los lunes después de
todo no son tan malos cuando el amor se expresa con
caricias, risas, besos, gemidos, sudor y una que otra
nalgada, ese mar de emociones y locura, esos enredos
que tú causas, harán que olvidemos los lunes.

Si me das un sí preciosa… ¿ya me entendiste? ¿O te
digo que martes, miércoles, jueves y toda la vida te voy
amar? Que te serviré cafecito por las tardes y que te
haré el amor y te sostendré la mano, que no te dejaré ir
y daré gracias que al amanecer…

seas tú quien está del otro lado.

Ya ves, que no es lo mismo cuando abres tus ojos y fui
yo el que una vez estuvo en tu amanecer.

Que en mi mirada era en la que te perdías y que en mi
mundo te sumergías.
Tantas noches que me dijiste:

¿y en dónde habías estado toda mi vida?
-Puta frase.

Ya ves, que no es el mismo sabor de mis labios a los
que ahora tú besas y que poco a poco aquel sabor se
desaparece y va formando ya parte del baúl de tus
recuerdos y algún día de la biblioteca de tus olvidos.

Que aunque los segundos han pasado y mi voz no has
escuchado, aún te susurran mis palabras y se pasean por
los pasillos de tu mente y que ahora no son mis brazos
los que te abrigan, ni mis labios los que te besan, ni mis
manos las que te acarician, ni mis cosquillas las que te
hacen reír, que ya no soy yo a quien tienes al frente en
cada cena y que cuando suena nuestra canción no soy
yo quien está ahí para bailar.

En unos segundos entendimos un hola…
En unos minutos pasamos a un cómo estás…

En unas horas pasamos a un beso…
En unos días pasamos al querer...
Y en su tiempo al desaparecer....

Y así, poquito a poco nos vamos desconociendo y es
que el vacío que ahora dejas se siente más grande que
el lugar que ocupabas.

Y que las palabras que nos dijimos tal vez pudieron
haber herido, pero este silencio es un asesino letal que
va matando lágrima por lágrima.

EL CLUB DE LOS **NO** NECESITADOS

No preciosa, tú no necesitas con quién salir los sábados de fiesta y bailar y reír y tomarte ese *shot* de tequila que tanto te gusta.

No necesitas de alguien para los domingos en la tarde, arrollarse en la cama y ver Netflix, comprar tus palomitas favoritas y sentir que no ocupas de más. Tampoco necesitas de un mensaje de *"buenos días"* y mucho menos uno de *"buenas noches, ¿llegaste bien?"*.

No lo necesitas guapa, eres completa y así eres feliz.

Pero siendo sinceros preciosa, qué bien se siente cada uno de esos detalles y momentos cuando viene de alguien que te hace sonreír y asesina tus horas convirtiéndotelas en minutos.

Después de todo, qué bonito es compartir y más cuando eso te incluye a ti y a mí.

Cuántas palabras se ocultarán detrás de aquellos
silencios que compartimos.
Cuántos mensajes se habrán tecleado y borrado,
aquellos que se fueron directo al buzón
de "sin enviar por falta de valentía".

Qué te parece si llegamos a un acuerdo,
nos dejamos de pendejadas y
nos decimos las cosas tal cual.

-Comienzo yo,
enviándote este verso.

DE TI

De ti guapa, tan solo quiero que cada vez que amanezca
seas tú quien este cerquita de mi boca y que cuando
vuelva a casa, seas tú quien esté esperándome con un
beso por cena; entiéndelo, tus besos nunca están demás.

Tan solo quiero que ahogues esta sed con tus sonrisas
y sacies esta ansiedad con tus caricias.

Que calientes con el fuego de tu amor cada segundo
de mi vida cuando los fríos se hagan presentes y que el
tiempo sienta celos de los minutos que tú me regalas,
aquellos donde perdemos la noción y no hay nada más
que tú y yo.

Preciosa… cántame un poco, báilame con uno de esos
tontos bailes que tienes y sonríeme, que me tienes loco
y te deseo con todo y tus enredos, que ya me conoces y
se acerca la noche y contigo me siento seguro, que tus
brazos son como murallas y tu boca como el pueblito
donde siempre quiero vivir.

Ya me conoces preciosa, estoy loco y me tienes
enfermo de algo incurable llamado "Te deseo" y
confieso que me gusta la matemática de nosotros
cuando la suma de tú y yo es 69 para luego dar 1.

Quiéreme, ámame sin temor, porque llevo poco de
conocerte, pero llevo una vida esperándote; y creo que
al verme, al sentirme, al besarme… me delataré y te
darás cuenta de que siempre se trató de ti.

FRONTERA

Decidiste tomar el tren, ese en el cual compraste el
boleto de ida y no el de regreso.
Decidiste partir sin estos latidos, que palpitaban por ti.
Decidiste partir sin estos besos, que en tu boca querían
vivir.

Y en tus maletas te llevaste unas cuantas canciones,
mi aroma en tu camisa y una que otra avenida que te
susurraran que al otro lado de la frontera hay alguien
que te ama con locura y que te espero en la estación
con la esperanza de que algún día volverás.

El tiempo pasa, los inviernos se presentan… ya no está
tu calor para cobijar…
Y ahora me encuentro al otro lado de la frontera, con
tantos recuerdos y faltantes de caricias, promesas
pendientes y vacíos infinitos.

Guapa, ahora que lo pienso… no nos dimos el beso de
despedida y te marchaste sin ver atrás, te marchaste sin
despedirte ni darme la oportunidad de decirte que no te
vayas.

Una vez mi abuelita me dijo que cuando una persona
anuncia que se va ir, es porque quiere que la detengas,

pero si no lo hace, es porque ya no quiere estar más a tu
lado.

Y pues pensándolo así ya llevo un tiempo en tu espera
y tú no das tan siquiera una llamada.

Es tiempo de tomar el siguiente tren.

Pájaros de papel

MANUAL DE REGALOS

Preciosa, si quieres regalarme algo acá te dejo una pista
de lo que quiero.

Comenzaría por pedirte que hagas un cafecito de esos
que compiten con el negro de tus ojos, que lo tomemos
en la cabañita de tu boca y a presencia de los fríos nos
arropemos con nuestros brazos y nuestras piernas.

Te pediría que me cocines esas albóndigas tan
deliciosas que sabes hacer y todo para llegar al pretexto
de un postre, un postre llamado canela y que por
apellido le llaman tu piel, déjame tenerte desnuda y sin
maquillaje que así me gustas a mí.

Regálame una de esas caricias que tienes en tu inventario
y déjame tatuadas cada una de ellas en mi piel.

Te entrego mi borrador y sin composición alguna hoy
te quiero preguntar por qué te me adelantaste tanto,
cuántas veces reímos y cuántas veces lloramos, tú y yo,
yo y tú… cuánto te llegaré a extrañar.

Tú con tu sonrisa y yo con mi seriedad; hoy el día es
oscuro y lluvioso porque aun la misma tierra llora tu
partida, hoy una luz se ha apagado, pero una nueva
estrella se posa sobre el cielo.

Gota a gota la tierra te llora, llora porque a mí ya no
me quedan lágrimas, solo un gran vacío, un ahogo por
dentro que no se sacia con nada, pero con una sonrisa y
una lagrima en mi rostro me despido; con una lagrima
porque pasaré un tiempo sin escuchar esa sonrisa que
muchas veces cambio mi día, pero con una sonrisa
porque mientras estuviste en vida te protegí, te di lo
mejor de mí y siempre te expresé lo mucho que valías
para mí…

Con una sonrisa porque mientras Dios te dio vida,
disfruté cada momento, cada segundo y cada minuto
que me permitiste estar a tu lado con tu valiosa y bella
amistad.

Sé que no es un adiós, porque después de todo, todos
en algún momento tenemos que volver a nuestra casa
y sé que ese día me llegará también, mientras tanto,
te juro que cumpliré los sueños de los que tanto te
hablaba, te juro que, aunque no estés acá cumpliré mi
promesa y te llevaré en mi corazón por cada rincón
del mundo, gracias, gracias, porque en medio de mi
seriedad, tú con tu sonrisa una vez me hiciste sonreír.

*-Dios... no te entiendo, pero gracias por los años que le
diste de vida para compartir a mi lado, gracias; después
de todo, todos algún día tenemos que volver a ti.*

Dedicado a Melanie M.

-¿Y si cuando vuelvas ya no estoy?

-Pues seré feliz, porque quiere decir que encontraste un mejor camino.

Tomó sus maletas y consigo se llevó un latido de aquellos que una vez fueron uno con el otro, de aquellos que se aceleraban cuando sus labios se rosaban y sus miradas se topaban.

Consigo se llevó una caricia, de esas que daban más calor que el fuego mismo, de esas que daban calma en la tempestad, de aquellas que lograron recorrer cada parte de su ser y llegaron hasta el mismo corazón.

Se llevó la curva más bella de su rostro, para así nunca olvidar lo que una vez le hizo reír en sus peores tiempos; pues si su sonrisa era bella ahora imagina ser el motivo de ella.

Consigo se llevó un poco de ella, todo menos un último beso, un último abrazo, sin despedidas ni más.

El tiempo pasó y él volvió.
Se topó con ella y ella sonreía con alguien más.
Bailaba con alguien más.

Y cantaba con alguien más.

Entonces comprendió que él nunca se tuvo que ir y que
si se tenía que ir, nada costaba llevarle consigo.

Aquí no hay finales felices,
cuanto daría por devolver el tiempo...

Te dejare mi carta aquí, a tu lado, la dejaré por donde sale el sol para que sea lo primero que leas y así me recuerdes durante todo el día y al dormir, espero que sueñes conmigo, como yo lo deseo contigo.

Recuerdo la última vez que salimos, te rogué tanto porque te quedaras unos minutos más, esa noche no sabía que era la última vez que te vería, yo me quede y tú te fuiste sin boleto de regreso. Andabas con tu camisa rosa y pantalón negro, lo recuerdo muy bien, recuerdo que esa noche estabas triste, pero yo te hice sonreír, pero que más podía tratar yo de hacer, si tú ya me habías hecho sonreír tantas veces…

Te pedí que te quedaras conmigo tantas veces, pero te fuiste y no regresaste, yo me quedé esperándote aquí.

Sé que te prometí no volver a llorar, pero confieso que no ha habido mes en el que no llore por ti; recuerdo las madrugadas que me llamabas solo para joderme la existencia, pero ahora mis noches son tan calladas y tan vacías, qué dolor más intenso… dicen que con el tiempo el dolor pasa y se olvida, pero mi pensar es que uno llega a aprender a vivir con tal dolor, pero yo Mela simplemente no puedo, aún te lloro, aún te sufro, extraño tanto escucharte y verte sonreír, extraño tanto

un beso y un abrazo de la nada tuyo, te extraño tanto mi
flaca.

Ayer cumpliste años y no te pude felicitar, no te pude
invitar a salir, ni bailar contigo, simplemente no pude
ver lo hermosa y perfecta que siempre te veías

Tú con tu cabello rojo como el fuego ardiente.
Tu piel blanca y pura como las nubes.
Tu mirada inocente y tu particular sonrisa, eras tú un
lienzo, una obra de arte que caminaba y me gustaba
ver, por Dios que me encanta ver.

Pero ya no estás y yo me quedé esperándote, aquí.

De vez en cuando has aparecido en mis sueños y
durante un momento siento que aquel vacío que
solo tiene tu forma se llena, simplemente no quiero
despertar, no quiero soltarte ni dejar de hablar contigo,
de mirarte…

Te dejare mi carta aquí, a tu lado, la dejaré por donde
sale el sol para que sea lo primero que leas, aún sigo
aquí, aún sigo aquí.…

Dedicado a Melanie M.

UN MINUTO

A ti mi amor... dame tan solo 60 segundos en tus labios en contra de tu lógica y tu corazón, para que veas cómo todo ese invierno que traes se derrite.

Que si bien ya tuve mis años viviendo en tu piel, hoy en el exilio solo te pido un minuto para recordarte cómo fue que te dibuje miles de sonrisas en el lienzo de tus labios.

Y no te dejes ir por voces ajenas a nuestro amor o aquella lágrima derramada en honor a nuestro dolor, nuestro porque no solo en ti alcanzaron los rotos, también yo fui parte.

Tan solo dame un minuto, para hacerte ver que somos primavera y que el jardín de girasoles que guardabas en tu sonrisa era yo quien lo cuidaba con mis besos, que llevo un folio de escritos en mi mano pendientes por entregarte y que aún no he desempacado porque me rehúso a irme por más que me quieras echar, y es que compré tan solo el boleto de ida y no de regreso y si me voy no sabré dónde ir, porque de dónde vengo es en tus brazos por los inviernos, aquí estoy aún aguardando detrás de la puerta, en silencio y con letras ya mojadas, mendigando un minuto para derretir tus hielos, mendigando un minuto para hacerte ver que aún somos primavera.

 Pájaros de papel

ABRIL

A las doce con cero uno te llamaré abril.

Abril porque en una parte del mundo eres verano,
cálida y reluciente.
Y en otra parte del mundo eres invierno, blanca y pura.

Te llamo nueve de abril para no tomar en cuenta que
ya es diez… Que te quito un número porque tú ya me
quitaste el sueño, te quito un número porque tú ya me
quitaste un poema, uno muy corto, uno llamado tú.

En tus ojos escondes el cielo mismo y toda una
constelación de estrellas, simplemente con tu mirada
el tiempo se detiene solo para apreciar eso que tan
solo tú posees y tan solo por un momento el tiempo
simplemente deja de existir.

Preciosa es que tú eres magia,
eres arte
eres eso que está entre lo que quiero y de lo que huyo.

OCÉANO

Preciosa, te confieso que no sé nadar… pero si de ahogarse en el océano de tu mirada se trata pues que así sea, qué más da…

Creo no poder con tu galaxia, porque contigo me vuelvo vulnerable y tú sacas mi parte más suave, mis momentos cursis y mis sonrisas tontas.

Eres todo un mar de misterios que más de una vez he querido descifrar, pero como marinero con su barco hundido, en naufragio he quedado, perdido en tu piel, tus lunares y pecas.

Preciosa…. Como la mar besa la arena y de noche la acaricia subiendo la marea, algo así quiero yo en luna nueva y un cielo sin estrellas, tan solo tú y yo, la arena y la mar.

Me gustas como el pirata gusta del océano, pero confieso que no sé nadar y mucho menos navegar, pero si de ahogarme en tus labios se trata

qué más da…
ya antes he muerto muchas
veces más.

Es de noche y los silencios comienzan a susurrar y los pensamientos a caminar.

Hoy, guapa, déjame pensarte un rato, hacerte un rinconcito en mi cama y compartir mi almohada.

Déjame dedicarte una canción de Sam Smith para ponerme romántico -ya me conoces- me encanta escribir versos sobre tus labios y tu mirada, sobre el color de tu piel y delatar aquello que llevo en secreto y que siento por ti -no sé cómo decírtelo en directo-.

Déjame pensarte un rato y meterte entre mis sábanas, arroparte con mis brazos y darte un beso en la frente, rozar mi nariz con la tuya y sacarte una sonrisa como la que estás a punto de dar.

Déjame preciosa regalarte una caricia tan solo una vez más, decirte que aquí estoy y que te quiero para un café de cada mañana y para cada navidad, que eres lo más hermoso que he topado en mi vida y que sin importar que pase el tiempo este amor no para.

Déjame preciosa contarte, que tú acabaste con mis inviernos y mis miedos, que tú me ayudaste a sacar mi mejor versión y que soy serio, pero que contigo sonrío…

Sonrío cuando estás.
Sonrío cuando no estás y pasas por mi mente.
Sonrío cuando llega un mensaje tuyo.
Sonrío cuando me das un Like.
Sonrío porque existes.

Déjame pensarte un rato más… y aquí, desde mis lunas
y enredos, quererte en anonimato.

ENVIADO

Y cuantas veces nos hemos
mentido diciendo:

"Este será el último mensaje"

Y tecla por tecla…

-Enviado.

EN LOS CIELOS

Te quiero sonriendo siempre.
Volando entre tus sueños y descubriendo el mundo.

Usurpando los cielos y viendo amaneceres y atardeceres.
Descubriendo que en ningún rincón del mundo
podrás ver esa mágica vista que se esconde en tu espejo,
que se compone por tu mirada, tus labios y tu color de piel.

Te quiero volando preciosa, siendo tú y demostrándole
al mundo lo alto que has llegado, tomando vuelos de
alegría y que cuando aterrices, sepas que aún en tierra
brillas.

Me enamoré de una enfermera, porque cuando camina
por los pasillos gélidos del hospital ella calidez da, que tal
magia llevan sus pies que al verla no tuve más que llorar.

Cuando un hospital frío es, ella con su primavera lo
convierte en hogar.

Me enamoré de una enfermera y ella me sonrió con su
cabellera despeinada, con esas ojeras que adornan el
café de sus ojos y sus ropas blancas.

Dando fe.
Dando esperanza.

Que si estuviera en mi último respiro un ángel estaría
viendo; creo… creo que los ángeles son algo así como
ella, con su sonrisa, con su aroma, con su mirada, con
su piel.

-Te confieso que me duele, no quiero irme aún, sostén
mi mano enfermera y si puedes abrázame que todos
mis rotos los unirías, que tú me curas, que tú me salvas,
que tú mi niña, me das paz.

Gracias por darme
un último aliento.

Mi niña, si tú supieras lo enamorado que estoy de tu
ser, y no estoy hablando de esas curvas que moldean
tu piel o esa mirada que derrite inviernos, o esa sonrisa
que calma tormentas.

Hablo de tu alma,
de tu esencia,
de lo que tú das.

¡Ay amor! Qué hermosa que es tu piel y ni qué decir
de aquella "manchita" que ni tú puedes ver, de aquellas
pecas y lunares en los que yo me pierdo, de eso que tú
posees, de esa tormenta y ese atardecer, de ese "sí" y
ese "no", cuanto me gustas, cuanto te quiero.

ANTES DE QUE TE VAYAS

¿Cuándo fue que tres primaveras cedieron por solo un invierno?

O es que no ves que después de un invierno es cuando un jardín florece.
O es que no ves que los inviernos son necesarios para valorar las primaveras.

No mi niña no, no soy perfecto y sé que te di muchas noches en donde supe escalar tus hielos y terminar con tus miedos.
Sé mi amor, que en muchas noches no hubo una en la que te faltara el abrigo de mis brazos.
Sé mi amor, que no hubo tarde en la que no me emocionara al verte, como si cada tarde fuera la primera.
Sé mi amor, que cada día te hice el amor y que jamás me aburrí de tu piel, que por lo contario cada día me enamoraba y te deseaba más.

Pero ahora ves, que no todo es primavera y que un error hizo que tu corazón se congelara, pero no olvides mi niña que por excedente y copa de liga miles de noches le ganan a tan solo una.

Y cómo duele.
Y cómo me arrepiento, cómo me arrepiento.

Pero recuerda que mi mirada siempre te deseó y solo a ti.
Que mi boca solo buscaba tus labios.

Y que mi piel tenía por nacionalidad tu piel.

YO ESCRIBIENDO Y TÚ LEYENDO

Y así nos vamos entendiendo, yo depositando letras en tú corazón y tú pagándome con intereses con tu silencio, yo escribiéndote muchas noches después y tú tan solo por curiosidad leyendo estos escritos que tienen por título tu nombre.

Pero sigámonos haciéndonos los duros, buscando el sabor de nuestros besos en labios ajenos y prestando nuestra piel para caricias que no saben nada de nuestros lunares.

Sigámonos haciéndonos los duros, pensando que vamos a calentarnos en abrazos ajenos y que al ver la mirada de otros veremos la misma lluvia de estrellas e infinita galaxia.

Pero aquí estás leyendo una carta más, desde tus fríos, desde tus rotos.

Te gusta el amarillo.
Te gustan los girasoles.
De vez en cuando haces bailes tontos.
Padeces de inviernos en tu piel.
Sonríes muy a menudo.
Y tienes todo lo que busco en una mujer.

Recuerdos, ecos de tu ser… yo escribiendo y tú leyendo.
Por lo menos estas letras nos unen.

PEQUEÑA

Hola mi pequeña, disculpa por haberme
ausentado unas cuantas lluvias, pero quiero
que sepas que tú nunca has
dejado de bailar
en mi mente, hacerme risos mis
enredos y juntando mis
rotos con tu sonrisa.

Mi pequeña, llevo un rato sin tenerte a
unos centímetros de mis labios y te cuento
que me ha sido imposible
olvidar el fuego que llevas
en tus cabellos y yo queriendo quemarme.

Que me han dicho que te has
vuelto fría y pues qué más da,
que me sirvan tu amor
en un vaso de whisky con dos cubitos de tu corazón,
que ya se derretirá, ya se derretirá.

Que hoy es lunes y llevo una infinidad
con insomnio a causa de pensar en ti,
esos que causan las ganas de tenerte
y escribir historias en tu piel.

Y aquí me tienes
haciendo memoria de cómo
le hacía para ser feliz
sin tu sonrisa en mi boca
para saber cómo le
hacía para no sentirme solo
sin la compañía de tu piel.

Para recordar cómo
dormía sin la almohada de
tus pechos y cómo le hacía
para no tener frío por los inviernos,
esos que solo tú sabías asesinar
con la cobija de tus abrazos.

Me contaron que era una de esas
chicas malas.

Y qué casualidad
que yo no soy ningún Monje…

TACITA DE CAFÉ

Yo pensé que podría con el frío de tu corazón
y con un vaso de whisky podría
seguir disfrutando de tus destellos de amor,
pero no mi niña no
llevo un tiempo en invierno y
la verdad es que ahora busco calidez
y si no es mutuo, mejor que no sea…

Aquí te dejo el whisky,
me voy por una tacita de café.

De vez en cuando me pregunto cómo le haces para que
a la presencia de tu ausencia, aún te pasees por aquí.
¿Cómo le haces para que en ayunas de tus besos aún
pueda vivir del recuerdo de tus labios?

Que ya llevo noches eternas sin verte y que ya perdí la
cuenta de cuántas veces te he echado de menos.

Que aún te dedico canciones y que mi corazón aún se
acelera cuando apareces en mi mente, que no te supero
y que no me encuentro y que todas las letras aún hablan
de ti.

Que aún provocas sonrisas en el vacío y una que otra
lágrima, que el fuego nunca se convirtió en ceniza
y que mis hipérboles son cortas al dolor que siento
los domingos por las tardes cuando tu silencio me
acompaña.

Ahora ves mi niña, que no había otra más que tú y que
las palabras de terceros eran eso, "palabras".

La verdad de todo, es que aún hoy te espero.

Aún hoy…

Ven mi niña y hagamos que
tus manos sean cómplices de lo
que mi piel quiere
susurrarle, de esos secretos que
guardan mis pocos lunares
y esas leves sonrisas que se pierden
en el silencio de tu boca,
aquí formando
un trío, tú, yo y la Luna.

Que no hay necesidad de palabras,
cuando las caricias
son las que hablan.

Hay una historia en tu cuerpo donde las letras se componen por mis huellas y los versos, por aquella mirada que colonizó cada parte de tu piel.

Que tu piel mi niña se volvió mi página en blanco, donde muchas veces mis caricias bailaron un bolero en compañía de tus gemidos en sinfonía.

Que las noches fueron testigos de las muchas batallas que hubo entre nuestros labios y las sábanas cómplices de aquella tormenta.

Que somos poesías, que somos versos y sonrisas, que una vez fuimos eso y más.

Y que ahora preciosa quieres escribir una historia nueva, pero no te das cuenta de que ya tienes tu piel repleta de mis versos, de que ya llevas tres fracasos desde tu partida y que nadie te da lunas y atardeceres.

Date cuenta preciosa, que todos somos remplazables, pero no repetibles.

A MI HIJA

Tú mi dulce niña me llenas, me haces perder la cordura
y olvidar mis tormentas.

Que hoy te soñé y no quise despertar.
Que hoy te soñé y supe que la perfección existe.
Que hoy te soñé y no tuve más que rendirme a tu
sonrisa.

Ver tus pequeñas manos sobre las mías y sentir lo frágil
que eres, ay mi princesa…

Que te pondré mis brazos por muralla y cuidaré tu
corazón.
Te daré el calor en tus inviernos y mi hombro será
tu pañuelo cuando tus lágrimas gusten acariciar tus
mejillas.
Que te dedicaré poemas que expresan la magia que tú
me haces sentir y mis letras te amaran, te abrazaran y te
besarán.
Te vi corriendo sobre los pasillos de mi casa y
escuchaba tu sonrisa y me preguntaba cómo podía
ser merecedor de tal tesoro, sentía cómo poco a poco
colonizabas mis latidos sin resistencia alguna.

Ven mi niña ven, que te voy a amar aún más que mi
vida, ven que te escribiré poemas y canciones y te las

   Pájaros de papel

leeré cada tarde, con una tasita de café y tus ojitos viéndome.

Te amo mi amor, te amo mi vida.

AMOR A PRIMERAS

Te invito a una taza de café mi niña, porque la verdad
quiero invitarte a una vida entera, pero si te lo digo creo
que te asustarías.

Pero si tú te vieras como yo te veo, comprenderías que
llevo un tiempo naufragando en tu mirada y que quiero
explorar esos lunares que llevas en tu piel.

Aquí estoy mi niña, aquí estoy…
Aquí estoy para una noche de Netflix.
Aquí estoy para mensajitos inesperados.
Aquí estoy para salir sin plan alguno y las ganas de todo.
Aquí estoy para los besos dulces y los que hacen que la
ropa estorbe.
Aquí estoy para esas tardecitas de lluvia y un cafecito.
Aquí estoy mi niña…

Imaginando lo que sería que mis labios bailen con los
tuyos, que tus manos busquen las mías y hagan enredos.

Confieso que no te pienso tanto.
Confieso que no te quiero cuanto tú crees.

Pero apareces y lo quiero todo.
Apareces y me derrumbo.
Apareces y soy tuyo…

                                    Pájaros de papel

Hay una chica que surca los cielos
Que viste de azul y blanco
Y lleva un poema impregnado en su sonrisa

Ella me gusta y ella lo sabe
Pero ella no está aquí, ella vuela y va de continente
en continente, llenando de magia con su presencia y
enamorando a uno que otro con ese océano que lleva
por mirada -y no los culpo-

Cabellos castaños y piel blanquita, así es ella…

Perfecta para mí
Perfecta para mis letras
Perfecta para mi tinta

Pero ella volando está y yo desde mi ventana veo el
cielo, esperando que un día aterrice y toparle; no le
llevaré rosas, le llevaré mis letras, después de todo
muchas veces han hablado de ella.

Le entregaré un poema corto, uno pequeñito…
Pa que sepa que me gusta
Pa que sepa que me tiene loco
Pa que sepa que le escribo

Pa que sepa que me la paso en tierra pero que su
sonrisa me hace volar…
Hay una chica que surca los cielos
Que viste de azul y blanco…

Quiero que entiendas algo mi niña, que yo no ando de paso si no que ando en busca de vivir en tu piel y ver el amanecer en tus ojos al abrirse cada mañana.

Que quiero leerte uno de mis poemas teniéndote a centímetros de mis labios y hacer un poema tan perfecto que hagan que tus ojitos brillen y pienses que soy el hombre de tu vida.

¡Mi niña! Las ganas que tengo de ti y de que seas la fan #1 de mis letras y yo el fan #1 de tu sonrisa, de tu mirada, de tu piel y tus caricias.

Que me tienes loco sin tocarte.
Que me tienes loco sin besarte.
Que me tienes loco sin conocerte.

Quiero que entiendas que sueño contigo e imagino cómo tu cuerpo se va convirtiendo en un poema y cómo tu sonrisa se pone por título a mis escritos.

Mi niña linda, que el solo hecho de pensarte haces que sonría, que se me brillen los ojos, que te escriba aunque no estés acá, pero sé… sé que cuando llegues y leas mis poemas verás que siempre se trató de ti.

Que siempre… se trató de ti.

Quiero confesarte que tú provocas que escriba mis
mejores letras, que sin necesidad de metáforas,
hipérboles y rimas, haces que mis poemas sean magia.

Que llevas poco menos de un verano regalándome tu
sonrisa, pero no te imaginas cuántos inviernos te estuve
imaginando y en cuántas noches te estuve soñando.

Soñando con tu llegada, soñando con la primavera de
tus besos y lo cálido de tu piel.

Que no han pasado más de dos lunas llenas desde que
tus labios bailaron con los míos y ya soy dependiente
de ellos.

Mis labios te piden.
Mis labios te piden.

Una vez para que lo leas, dos veces por si lo dudas.

Que ese océano que llevas por mirada creo que
combina perfectamente con la media noche que yo
llevo por mirada.

Que la curva de tu sonrisa ya hizo que mi corazón
derrapara y callera directamente en tus labios y que uno
no manda los latidos, que uno manda estas ganas.

Mírame y tan solo bésame una vez más.
Bésame tan solo una vez más…

Y te darás cuenta de que soy dichoso hoy por tenerte,
por acariciarte, por el solo hecho de compartir un café
más a tu lado acompañado de tus besos.

FALSAS CURACIONES

Uno piensa que el invierno ha llegado a su fin.
Piensa, que las heridas han sanado y que ya no duele.
Que de tanto ausentarte ya no haces falta y que ya no
espero tu mensaje por las noches.

Pero solo falta toparse con nuestra canción, en nuestra
avenida, exactamente a las 4:00 p.m. para darte cuenta
que nada es así.

Ya son dos inviernos y dos veranos desde que besé tus
labios, ya no recuerdo el sabor de ellos.
Ya no recuerdo el sonido de tu sonrisa y la verdad es
que de ti he olvidado una gran parte.

Pero lo malo de estar bien es darte cuenta de que aún
sigues roto, que aún duele el recuerdo que lleva por
titular tu piel y tu cabello.

Te das cuenta de que nunca encontrarás una como ella,
que a ti yo no te cambiaba nada, que me gustaba tu
cabello, tu mirada, tu nariz, tu piel, tu cuerpo, tu forma
de bailar y de vestir, me encantaban hasta tus defectos,
pero tuve tanto que no supe qué hacer y te dejé ir

Te deje ir.

          Pájaros de papel

Te cuento que me tomó 1000 besos perdidos, 1000 noches en el vacío y 1000 caricias en naufragio para darme cuenta de que ni elevando el número al infinito, iba a ser igual a lo que tú me dabas en 1 segundo.

Que no es lo mismo coger un sábado en la noche por conquista, que un amanecer de domingo a tu lado viéndote dormir a las 6 a.m., exactamente un 23.

Y aquí estoy, llenándome de vacíos.

Porque hay personas que te pueden hacer reír, bailar, llorar e incluso querer,
pero hay otras como tú, que provocan querer quedarse en el puerto de tu mirada y encallar en las costas de tu piel.

Si tan solo dejaras de caminar por la habitación de mis recuerdos
y vinieras, y te acurrucaras en mi cama; te besaría tantas veces…

No tienes idea, del ruido que hacen tus silencios a las tres de la madrugada.

-Es hora de dormir.

Por si te lo preguntas, ya no te pienso.

Pero me costó muchos besos en labios donde mi
corazón no latía.
Muchos abrazos ajenos donde me rodearon y aun así
seguía teniendo frío.
Quise olvidarte en una que otra barra en compañía del
vacío que dejaste, pero aun así los whiskies no supieron
cómo ahogar tu recuerdo.

No, ya no te pienso.

Pero cuando bailo, nadie logra acoplarse como lego a
como tú lo hacías
Que ya olvidaron como seducir con una simple sonrisa y
una mirada… o tal vez era el solo hecho de tu existencia
lo que me provocaba querer quemarme con tu ser.
Que cuando llega la noche, no te pienso, pero te sueño
y te paseas por mi mente inevitablemente.

Te extraño, aún te extraño.

Ella era alta, me llegaba exactamente a mi mirada,
su cabello largo por la cintura y la media noche
sobre él, su piel color canela y un paraíso por

cuerpo, cada curva de ella me mataba… así la
recuerdo.

¡Al carajo! Un whisky más,
ya te estoy pesando una noche más.

HILO ROJO

Creo que hay una historia de amor que se esconde entre tus labios y te lo confieso, quiero leerla, memorizar cada verso y acariciar cada letra.

Me gustaría que una noche nos topáramos, sedientos de un beso, de una caricia y que nos miráramos y que sin nombres coincidiéramos.

¿Te imaginas coincidir? Que yo te diga por qué tardaste tanto y tú me digas que llevabas una avería en tu reloj, pero que siempre me quisiste, que siempre me soñaste con todo y mis miedos, mis rotos y tormentos.

La lluvia se hace presente, nos besamos y en ese momento nos damos cuenta de que el final del hilo rojo ha llegado y que caminamos en varias direcciones, pero nos topamos, nos topamos…

Que cada pueblito, cada avenida y cada calle tan solo nos llevaba a aquella lluvia, a aquella calle, a aquel beso.

Preciosa, si vas a ser una princesa,
procura ser una amazona.

Veo que llevas una que otra peca
y un lunar de acompañante,
como ves ya llevas
varios puntos a tu favor.

Pasas horas frente a tu clóset pensando qué ponerte, si
el vestido rojo o un short

 -Sabes que me matan tus piernas-.

Te peinas tu largo cabello y maquillas tu rostro, pintas
tus labios y un poco de perfume
-vaya que perfecta eres- pienso mientras te veo.

Me sonríes, me guiñas un ojo.
-Sabes lo que por mi mente pasa-

Que tus labios los quiero despintar.
Que quiero enredarte tus cabellos, despeinarte y hacer
lazos con mis dedos.
Que tu vestido esta demás y que tu desnudez es tu
mejor atuendo.

Que qué bien te ves mi dulce niña y que ese accesorio
que llevas por sonrisa me encanta aún más que tu
pandora, esa sonrisa pícara que me mata y me hace
querer comerte la boca.

Me gusta cuando entre sonrisas le dices que no a mis
caricias.
Me gusta cómo me alejas y me acercas.

Me gusta cómo me tientas y me acaricias.
Me gusta cómo me seduces y me provocas

De todo cuanto me gusta es cómo te paseas por
mi habitación, te quitas tus prendas, tus miedos y
enredos… y la forma en que llegas a mi corazón.

Tú mi amor, tú mi obsesión,
tú mi deseo y mi locura.

COSAS DE ROMÁNTICO

Son muchas veces que me han preguntado que si estoy enamorado.
Que quién es la chica por la que escribo tantas poesías y le hago tantas veces el amor en mi página en blanco.
Que por qué escucho tantas canciones románticas y me brillan los ojitos cuando veo al vacío con mi cuaderno y pluma en mano.

Y pues aquí te va:

Preciosa, te cuento que no hay día que te piense y siga esperado la culpable de asesinar tantas noches de sueño.
Que me encantaría tener a quién apuntar y señalar y decir, ella es la culpable de mis letras.

Que no sé quién ni cómo eres, pero ya quiero que te quedes unos minutitos más antes de despedirte.
Que llevo unos inviernos preparando un poquito más de café y escribiéndote cartas.
Que no te conozco, pero que ya te extraño.

Que no te conozco y ya te tengo unos poemas y una que otra canción para dedicarte.

Tan solo dime preciosa, ¿para cuándo llegas?

PA'CUANDO LLEGUE

Tengo tantas ganas de dedicarte canciones, de tenerte
en frente y escribirte poemas, traer mis cuadernos y
dártelos y decirte que siempre se trató de ti, que llevo
varias noches soñándote y que te he regalado uno
que otro insomnio, que mis labios llevan un tanto
deseándote y que mis brazos han fallado buscando tu
cuerpo.

Cuando llegues sabré que serás tú, porque como tetris
bien jugado me acoplare a ti, porque cada tarde que
pase te amaré más que la tarde anterior.

Te voy a amar mi niña, aunque vengas rota, yo de
un beso te haré pensar que el amor aún existe y que
cuando tomes mi mano te des cuenta de que no te voy a
soltar, de que mi mirada siempre te estuvo buscando…

y que el frío del invierno
simplemente se hizo
para que nos calentemos el uno al otro.

ADVERTENCIAS

Me advertiste que no me enamorara.
Que no andabas en busca de tardes de la mano.
Y que tus labios no estaban recibiendo solicitudes en
este momento.

Que tu corazón estaba en mantenimiento y que por
tiempo indefinido no aceptabas el vuelo de una
mariposa en tu estómago.

Pero de vez en cuando tus manos decidieron divagar
con las mías.
De vez en cuando te dejaste abrigar por mis brazos y
uno que otro anochecer tus labios visitaron los míos.

Cada domingo se trató de ti y poco a poco mis latidos
se aceleraban por ti, no debía, no tenía que, pero uno no
manda los latidos y me estaban traicionando.

Compartíamos tacitas de café por las tardes en
compañía de sonrisas, tú me buscabas y yo te
buscaba… pero un día decidiste marcharte.

Tal vez por miedo.
Tal vez comenzaste a sentir vuelos de mariposa.
Tal vez te estabas haciendo adicta a mis miradas.

Pero te fuiste y así como llegaste, desapareciste.

Quiero comerme a besos tus labios
y no precisamente los de tu boca.

Dichoso sea el novio, lance, marido, ligue, amigo especial
o astronauta que comparta contigo.

-¿Astronauta? dijo ella.

¿No ves que sos toda una galaxia?

2 DE JULIO

En este invierno no habrá girasoles que lleven
primaveras a tu mesa y te den un destello de mi existencia.
No habrá una cajita o un detalle hecho a tu medida que
te recuerde que aún te amo.

Que ya casi llega el día de tu cumpleaños en donde Fb
les recuerda a todos que te recuerden, pero sabes mi
niña, yo no necesito de notificaciones, porque desde tu
partida cada 2 de julio me quedo ahogado en mis letras
con tantos mensajes no enviados, me quedo con mis
abrazos ausentes y estas ganas de darte un beso que
compense todo el tiempo que dejamos de ser tú y yo.

Que hoy quiero estar presente, gritarte en silencio que
aún sigo acá y que me mires, y que veas que nada ni
nadie ha logrado borrar tu sonrisa y tus caricias de mis
recuerdos, que aún vives y que cada noche cuando
el silencio es el único que dicta las letras, tú... tú te
paseas por mis poemas y ellos hablan de ti, de cuánto te
extrañan, de cuánto dueles y de cuánto te lloran.

Hoy 2 de julio no necesito de notificaciones,
seguramente muchos te escribirán y saldrás por un
par de copas... de lejos, de lejos y la distancia te
desearía una linda noche, pero acá te dejo estas letras,

por si piensas que si aún te pienso, por si esperas un
mensaje…

La verdad de todo es que
te extraño de la forma
más callada que pueda existir.

TU NOMBRE EN MIS LETRAS

Una vez leí -no recuerdo donde-
que cuando se lee un poema y se te viene una persona a
la cabeza
dicho poema le pertenece y que al pertenecerle
se lo tienes que dedicar.

Hoy te dedico uno muy corto:

-Pasaste por mi mente
y me hiciste sonreír.

HISTORIA CON SABOR A DESPEDIDA

Hotel mil estrellas, carro apagado y la radio de fondo *Scientist*, de Coldplay, asiento de copiloto levemente inclinado y yo a tu izquierda, el abismo de un silencio nos separa y de tu boca sale:

—¿Cómo hubiera sido?, ¿cómo hubiera sido la historia de nosotros?

—No lo sé —le respondo viéndola fijamente.

Veo sus ojos claros, su océano, su puta galaxia impregnada en mi mirada, me acerco y le beso, sus labios me corresponden por unos segundos, pero luego me empuja levemente y me aparta.

—No me hagas pensar que salir contigo es mala idea —me dice en un tono de voz bajo, casi susurrando.

Poso mi cabeza sobre su pecho y nuevamente el silencio nos separa, siento sus latidos a mil por hora y su aliento rosando mis mejillas; su piel me llama… su piel me llama, me enciende

—La deseo —pienso.

Llevo mis labios al punto de encendido de ella, la conozco
muy bien, ahí... donde sé que la conquisto, después
de todo llevamos varios inviernos juntos de "nuestra
historia que no es historia" y le conozco sus lunares y
sé cuáles son los que tengo que besar y le beso, le beso
de a primeras y mis labios comienzan a bailar en sus
lunares, en sus pecas, en su piel; mis manos le acarician su
cabellera y hacen enredos en sus tormentas, compartimos
nuestra esencia y me besa y nuestros labios se devoran
tratando de compensar el tiempo que estuvimos ausentes
uno del otro, saldando cuentas, pagando intereses;
mis manos hacen lo suyo y tiro de su vestido rojo y le
descubro sus pechos.

Me encanta, me encanta, se los juro que ella me encanta,
es mi vicio personificado, uno que no puedo dejar, mi
boca no se resiste y los toma, ella encorva su espalda y un
leve gemido le hace segunda a la radio, mi mano baja al
sur y la acaricio, está húmeda, caliente, suave… su aroma,
su puto adictivo y rico aroma la rodea y me enloquece, la
toco mientras beso su cuello y no soporto más, necesito,
necesito besar sus labios -y no precisamente los de su
boca- bajo y la beso, la devoro, la siento, mis labios
bailando con los suyos creando tormentas y sus pequeñas
manos en mi espalda delatando por dónde ir y que paso
seguir, amplios gemidos, su espalda encorvada y sus uñas
ancladas en mi espalda y cabellera, se ha venido, se ha
venido en mi boca y me encanta.

—Ya extrañaba los orgasmos contigo —me dice un
poco agitada.

Me empuja levemente, me aparto y ella se acomoda su
hermoso vestido rojo, se recuesta al asiento y cierra los ojos.

 Pájaros de papel

—Esto no debió haber pasado —me dice con un tono
un tanto culpable.
—Sí, tienes razón, pero sabes que siempre será así.
—¿Cómo habría sido nuestra historia?
—No lo sé…
—Creo que el karma ha hecho su trabajo —me dice
mirando a través de la ventana con mirada perdida.
—Podemos terminar con esto y tú sabes la forma,
siempre será así mi pequeña, siempre será así —le digo
en un tono un tanto triste.
—Entonces ¿esto fue como un tipo de despedida?

Me recuesto a su pecho:

—Qué se le dice a una persona para que no se vaya
—le digo con un tono de esos que te ahogan y una
lagrima surge, solo una, pero esa lagrima decía todo
aquello que las palabras no.
—No lo sé y si lo descubres dímelo, para no irme, para
quedarme.
—Me gustó mucho lo que nunca tuvimos, lo que nunca
fuimos y "nuestra historia que no es historia"
Me aparto y me confino a mi asiento. Enciendo el carro.
—¿Por qué no llegaste cuando por fin yo quería amar?

Una vez leí que uno no sabe el significado de
impuntualidad hasta que se llega tarde a la vida de otro
y ahora lo entiendo.

EN UN BAR

Creo que en este lugar es donde muchas veces tratamos de ahogar tantos rotos, sentimientos que nos acuchillan sin parar cada uno de nuestros latidos, tratando de embriagar cada una de esas mariposas en nuestro estomago para que dejen de volar y de una vez por todas paren dichas cosquillas.

Creo que aquí es donde, trago por trago, ilusamente creemos que la olvidaremos, donde tratamos de llenar los vacíos con tequila, cerveza y vodka.

Y es irónico, que mientras unos llegan a ahogar sus penas, otros llegan a encontrar momentos de placer o un amor.

Aquí en un bar, unos solos y otros acompañados, unos besándose y otros con un trago.

-Una chica me mira, me sonríe…
-Yo la miro, tomo un trago... me voy.

SHOT DE LETRAS #1

Entiende algo princesa,
eres tan completa que tu carita linda
es lo que menos uno admira.

Sus piernas eran como una hoja en blanco,
en donde podrías escribir
tanta poesía que
terminarías hechizado en su piel.

SHOT DE LETRAS #3

"Y es que a mí no me importa si horizontal o vertical,
a mí me gustan tus labios".

Quiero contarte que de ti, me quedaron
tus tontos bailes.

Dejo servidas dos tazas de café.
Una para mí y otra para ti
y si no vienes no pasa nada, ya otra vendrá y
aunque se enfríe ya la calentaré.

SHOT DE LETRAS #6

Yo quiero ir pacito a pacito
sigilosamente irme metiendo en tu corazón sin que te
des cuenta,
sin que sepas que poco a poco junté cada trocito caído
que topé en el camino.

Aunque si gustas darme un beso, dámelo,
dámelo hasta memorizar tu boca y tu sabor.

Pájaros de papel

SHOT DE LETRAS #7

Quiero leerte tan solo una vez más.
Leer tus labios.
Leer tu piel en braille con mis ojos cerrados
y mis manos sobre ti.

Y creo que ya te diste cuenta
de que nadie se tomara el tiempo
de contar tus lunares como yo,
aunque yo… ya los sabía de memoria.

SHOT DE LETRAS #9

Y si me preguntaras cuál es mi fantasía,
te diría que es el faltarnos el respeto
o no lo ves mi niña,
que llevo más de una luna deseando tu piel.

Eran aproximadamente las 10:00 p.m., yo iba
caminando por una de las calles de mi ciudad, hacía
un poco de frío y el silencio se hacía presente, llevaba
apuro, ya sabes, era un tanto tarde y no había personas
alrededor.

Apresuré mi paso y llegando a la esquina me la topé,
ella me sonrió y me dijo hola, de a primeras no la
reconocí, pero luego de verla bien supe quién era, la
saludé, le di un leve abrazo y un beso en el cachete.

—Que bueno verte —le dije.
—Igual, disculpa pero voy con prisa, me deja el bus.
Chaito.

Me dio otro beso en mi cachete y se fue, no te lo niego,
volví a ver hacia atrás y mis ojos se fueron directo
a sus nalgas, definitivamente tenía las nalgas más
preciosas de este mundo; andaba con un Jeans, una
blusa turquesa y unos botines, libros entre sus brazos y
un bolso grande colgando de su hombro, una sonrisa de
accesorio y una mirada que hizo querer volver a verla
nuevamente.

Eran las 10:01 p.m. y yo deseaba otro minuto al lado
de ella, tenía años de no verla, tenía años de no saber

nada de ella y no es que antes hayamos sido algo,
simplemente la conocí en una de tantas fiestas, pero esa
noche, quise más.

Al llegar a mi casa busqué en una de las muchas listas
de contactos que tenía escritas a mano y ahí estaba el
nombre de ella, lo recuerdo muy bien, lo agregué a mi
celular y lo guardé.

Al día siguiente le escribí un mensaje y le dije hola, ella
me saludo sabiendo quien era -después de tantos años
ella tenía mi número guardado pensé- conversamos
por un rato poniéndonos al día, contando qué había
sucedido en nuestras vidas y al final de la conversación
le dije:

—La otra semana cumplo años, quieres venir…
—Claro, ahí estaré.

Al llegar el día, ella llegó a mi cumpleaños, con un
short de mezclilla mostrando sus largas e infinitas
piernas, una blusa blanca con bordados, maquillada de
belleza y un aroma que envolvía, un abrazo por saludo,
un beso en el cachete y sonrisa de remate; te lo juro que
ella no había hecho nada extraordinario y ya me tenía
en sus manos.

Entre tragos y conversaciones, compartíamos miradas,
uno que otro baile, ella a centímetros de mi boca, sus
brazos rodeando mi cuello y la música de fondo, lo
tenía todo.

Esa noche no pasó a más que sonrisas, tragos y bailes, pero quise verle una vez más y lo intenté y no lo logré, siempre había un "no puedo" de por medio, tal vez me ilusioné por un momento, tal vez mal interpreté.

El tiempo pasó y nos topamos nuevamente en una fiesta, radiante, con esa sonrisa que hechiza y un vestido corto, se me acercó, me saludó y yo la tomé de la mano y le dije ¿bailamos?, una vez más estábamos bailando, al terminar la canción le dije acompáñame, fuimos a la terraza, la tomé entre mis brazos y poco a poco los centímetros se fueron restando y esta vez eran nuestros labios los que estaban bailando, le besé y ella me besó, solo estábamos ella y yo, al terminar el beso ella me mira fijamente, me sonríe y me dice, ¿volvemos con los demás? Le dije, no, y le besé nuevamente.

Dicha noche terminó, y una vez más ella se distanció, pero yo no la dejaba de pensar y una tarde diciéndome: "esta será la última vez que le pido que salgamos", sin saludos, ni introducciones, le dije:

—¿Quieres ir al cine?
—No puedo.
—Ok.
—Pero mañana sí puedo.
—Mañana será entonces.

Llegué al cine, ella tenía 10 minutos de atraso, pero ya saben, ¿qué chica es puntual?, de pronto por uno de los pasillos del cine venía ella, a paso apresurado y desde la distancia extiende sus brazos y me dice disculpa con sus labios y arrugando el ceño, me abraza, me pide

                    Pájaros de papel

perdón y me da un beso en la mejilla, su aroma era una delicia…. Entramos al cine y nos sentamos, se presenta un silencio incomodo, me vuelvo y le digo:

—Sabes, esperaría algún momento de la película donde te tuviera abrazada o cerca para robarte un beso, pero llevo desde la última vez que te vi un beso guardado y unas ganas infinitas de tenerte cerca y ya no lo soporto y no esperaré más.

Le tome su mejilla y le di un beso que delató las ganas que tenía de ella desde hace tiempo, un beso que le dijo que no quería que se fuera, que no quería que pasara más tiempo para volverle a ver una vez más, un beso que no solo era por placer y vicio, sino que era un beso sincero, uno de esos que quieres repetir una y otra vez; y al terminar el beso le veo, ella sonríe y vuelve a mí, me da otro beso, un beso extenso y largo y lo finaliza con un beso en mi cachete, me toma la mano y vemos la película.

Y a partir de ese día cada sábado a las 4:00 p.m. se convirtieron en tardes de miradas, caminatas, una que otra discusión, besos, hacer el amor, detalles, momentos, memorias, poesía, música, arte y fiestas, fuimos aquello que le llaman amor y todo fue perfecto durante muchos inviernos y veranos.

-Suspiro-.

Hasta que yo, la cagué… y no, no le fui infiel, mi error fue el suponer y ese error me valió el amor de mi vida.

Ya he perdido el conteo de las lágrimas que he
derramado por ella, pero creo que es equivalente a la
cantidad de letras que escribo día a día.

No sabes cuántas veces intenté recuperarla, pero
siempre obtuve un no por respuesta en el mejor de los
casos, o un "en visto" en el peor.

Y esa es mi historia, ese es el porqué de mi agonía en
esta barra, del porque cada shot y del porqué te cuento
esta historia, a ti, a ti que me lees, que me escuchas
en tus pensamientos y al rato piensas en las veces que
dejamos ir el amor de nuestras manos.

La verdad de todo es que hay personas que están
hechas para uno y yo la había encontrado, pero no supe
qué hacer con tanto.

-Salud…

SHOT DE LETRAS #10

Me estoy ahogando en un te quiero.

En un te quiero para tomar café.
Un te quiero para domingos de Netflix.
Un te quiero "dar".
Y un te quiero para una vida entera.

Y es que si de morir se trata.
Yo estaba dispuesto a agonizar
toda una vida en su cuerpo.

Y es que hay ciertas canciones que te erizan la piel.
Ciertas calles que te traen recuerdos.
Y ciertas sonrisas que convierten tus inviernos en
veranos.

Ella hablándome de sus demonios y
yo deseando quemarme en sus infiernos.

Ahora somos un trío,
tú, yo y el olvido.

No le bajes la luna,
mejor hazle ver las estrellas
con los ojos cerrados.

Y es que hay besos que exponen
todo lo que habías callado.
Caricias que envician.
Miradas que hechizan.
Y abrazos, que unen todos tus rotos.

Ni uno más….

Hay resacas por tragos y otras morales, esas que no te
dan mareos, ni vómitos y muchos menos dolores de
cabeza, pero sí recuerdos que causan el no levantarte de
la cama, ahogarte en películas románticas de Netflix y
canciones románticas de YouTube.

Pensando en aquellas promesas no cumplidas, los
viajes no hechos, los besos pendientes y las calles que
faltaron por recorrer, y duele, y tortura y no hay sopita
o caldo de pollo hecho por mi madre que cure el dolor
de esos rotos, que por más tiempo que pasa no para,
no cesa aquello y no encuentras más que quedarte en
silencio y lágrimas al vacío.

Y qué más da, dolores de cabeza por cada recuerdo,
náuseas tratando de vomitar cada una de las mariposas
que ya muertas están, mareos por cada uno de los bailes
que nos perdimos y letras que no serán leídas.

Una resaca, una goma moral que se extiende por varios
inviernos y veranos, porque existen personas que se
superan en días y se hacen de nuevas manos, besos
y abrazos en meses y luego estoy yo, que llevo una
vida pensándote, esperándote, no queriendo cerrar un
capítulo que tú ya cerraste.

Pero es que tú eras todo eso que yo quería y más.
Tú, tenías esa forma en la que nadie me había visto.
Tú, simplemente me abrazabas y me armabas, me
sonreías y terminabas con mis tormentas, me besabas
y derretías mis hielos, me tomabas de la mano y me
sentía el hombre… más afortunado de este mundo.

EN MIS DESAYUNOS

Qué rico era despertar con tus besos de alarma,
saber que en tu vientre yo podía desayunar y
de tu piel degustar.

No me daba cuenta de lo feliz que era cuando tus
abrazos
me cobijaban de noche
y tu cabello se enredaba en mis mejillas.

Confieso que el café sabía más negro
con tus ojos negros sobre mi mirada.
Te confieso que el perfecto acompañamiento a mi vida
era tu boca,
tus manos, tu sonrisa y tu piel,
aun cuando eras invierno y tornados, me gustabas.

Pero ya ves guapa y qué más da que ya no estás.
Que tan solo hay un café ya frío,
un amanecer y un desayuno con tan solo huevo,
dos tostadas y tu ausencia.

SIN RECEPTORES

Sabes... estoy cansado de dedicarte tantos insomnios en la madrugada, de estar deseando escribirte y no hacerlo, de ver tus fotos en Instagram desde otro perfil por miedo a que se me escape un Like y sepas que mucho tiempo después aún te veo, que aún me gustas y que aún me mueves el piso.

De verdad que lo he intentado... te lo juro que lo he intentado eso de olvidarte y de una vez por todas cerrar el capítulo de nuestra historia, pero solo hace falta escuchar una de nuestras canciones y todos mis intentos se desboronan y apareces, y tomas asiento en mis pensamientos para luego bailar sobre mis pasillos con tu sonrisa y tus tontos bailes... y caminas, caminas y yo escucho tus pasos, esos que dabas uno tras otro quitándote la ropa mientras sonreías en mi habitación y me mirabas como si tuvieras el universo frente tuyo.

Es de la verga extrañarte tanto.
Es de la verga haber probado tus labios y haberme hecho adicto.
Es de la verga haber hecho el amor contigo.
Es de la verga haber comenzado una serie de Netflix a tu lado y no haberla terminado...
Es de la verga habernos tomado tantas fotos...

Porque ahora no encuentro cómo llenar el espacio en
mi cama y no hallo el sabor de tus besos en la mañana,
ni tu aroma entre mis sábanas.
Porque ahora no hallo más que una noche de momentos
y no un amanecer de domingo.
Porque ya comenzó la nueva temporada de *Stranger
Things* y tú no estás para verla...
Porque ahora tengo tantas fotos y las he eliminado
una a una, pero mientras las eliminaba cada una me
susurraba el recuerdo, las historias y las muchas
promesas que en un beso nos decíamos.

Y ahora, tan solo somos unos extraños, dos personas
que no supieron cómo encontrarse tan solo una vez
más.

 Pájaros de papel

TU PODER

Me encanta ese poder que tienes preciosa.
De que con solo verte conviertes un día nublado, en
uno soleado.
De que solo basta con que me digas que vienes a las 6
y desde las 3 te sonría y te espere y te quiera a un ladito
mío.

De que aún no somos nada y me lo imagine todo.
Y de esa puta magia que tienes de dejarme de miedos y
arriesgarme
con todo, siempre y cuando de ti se trate.

Usted tiene el poder de que una sonrisa asesine mi
seriedad.
Y que con un abrazo quiera repetir unos tres más.

Tú, con todo tú y solo tú,
tan luz, tan todo, tan lo que quiero.

Aquí en mi bolsillo tengo aquel mensaje de *WhatsApp*
que te había escrito,
ese que estuve a punto de enviar y no lo hice a falta de
valor y valentía.

Ya sabes, no quería coleccionar otro *"en visto"*.

Aquí conmigo, tengo de compañía los muchos
sentimientos que quise expresarte cuando te tuve
abrazada pero que el silencio me ganó la batalla, esos
que el orgullo calla y gana por batalla.

Ya sabes, dicen que el que se enamora pierde.

Aquí en mi almohada guardo uno que otro insomnio a
tu nombre,
y más de mil contenedores de pensamientos donde me
preguntaba
si buscarte una vez más. -Pero no-.

Y bueno guapa, aquí estamos… yo despierto a las 3:00
a.m. y tú dormida.

PENSAMIENTOS DE VUELO

¿Y quién dijo que hay un tiempo determinado para besar, hacer el amor o dar un te amo?

Creo más en que todo fluya, que si uno siente darlo todo el día "uno" darlo.
A fin de cuentas, ¿qué garantía hay de que mañana estaremos?
¿Por qué guardarse ese beso apasionado?
¿Por qué guardarse esas ganas de comerse o hacer el rogado?

Uno vive en el hoy, no en el mañana.

¿O será que si supiéramos que mañana moriremos nos guardaríamos ese beso, esas caricias o esas ganas?

No creo.

Te extraño y vaya que te extraño mi pequeña,
te extraño, te lo repito porque con una no me basta
y con dos no me es suficiente.

Antes ya hemos pasado días sin darnos por enterados
uno del otro,
pero ahora es diferente, ahora siento que te pierdo,
ahora sí siento que no volverás y que por fin decidiste
partir.

Que mi "no te vayas"… llegó tarde.
Que tu "yo te quiero"… llegó tarde.
Al parecer ajustamos las manecillas del reloj a
destiempo.
Al parecer el no ser puntuales nos costará un nosotros.
Al parecer nos quedaremos a como empezamos, tú sin
mí y yo sin ti.

Que qué se le dice a una persona para que no se vaya…
si todo cuando estuvo se dijo, excepto el quédate
aún nos queda mucho por besar, por cogernos, por
querernos y perdernos… aún nos queda mucho de
nosotros.

No te vayas mi pequeña, tan solo quédate un poco más,
que si te quedas, no te dejaré… no te dejaré.

Y una vez más llego tarde.
Y una vez más te pierdo.

Carajo, ¿cuándo será que dejaremos
de estar a destiempo?

LA MENTIRA DE LOS ROTOS

Que ahora todos andamos igual o por lo menos en su
mayoría
un poco rotos y no buscamos relaciones
que nos pongan vulnerables y eso es una verga.

Y al andar así a la defensiva nos engañamos con eso
de *"No quiero nada serio"* pero siento que muy dentro,
queremos a alguien un puto domingo de Netflix,
alguien a quien presentar en las cenas de Navidad,
alguien con quien bailar y ser nosotros.

Y solo alguien que nos dé más de lo que nosotros
esperamos que va a lograr eso.

"No quiero nada serio", es la mentira más grande que
hay.

Pájaros de papel

ARTE

Tu piel es arte, una poesía hecha piel y un paraíso vivo.
Te deseo, te deseo ardientemente.

Yo quiero escribir versos con mis caricias y
dibujarte paisajes con mi boca.

Dame una luna, dame una noche,
dame una vida flaca
que cuando te quemes con mi fuego
terminaré con cada uno de tus inviernos.

Preciosa, quiero contarte un secreto y es que debes tener cuidado con las letras de un escritor, porque letra por letra en sus poemas te darás cuenta lo que el lee en ti.

Que yo te puedo decir que te conozco muy poco para no decir que nulo, pero que ahora que veo tu sonrisa sé a lo que se refería *Julio Cortázar* cuando escribió:

> "Yo me maté en esa curva, le dije
> señalando su sonrisa".

Que ahora ves, hoy te adueñas de una de mis páginas en blanco y que por esta noche me robaré tu piel para escribir unas cuantas letras acerca de lo que tu blanca piel como la nieve me cuenta, esa nieve que deseoso estaría yo de derretir con mi verano, mi fuego y mis brazos como abrigo, recuerdo que eres "friolenta", ven acércate un poquito más a ver si te doy calor y te interesa quedarte una tarde, un café y una luna, o quién sabe… unos domingos más.

Que de ti no sé mucho, pero me encanta ese jardín de tulipanes que llevas por sonrisa y ese paraíso natural que llevas por esencia, me gusta cómo la naturaleza te

lleva celos por esas cataratas que llevas por cabello y
cómo la noche se inspira en ti en lo negro de tu mirada.
-Qué linda te ves hoy-

Disculpa, me deje llevar… prosigo.

Preciosa, te contaré un secretito que quedará entre tú y
yo, pero me está matando esa leve sonrisa que se te está
asomando, sí, esa misma… detente te lo pido, porque
ya somos dos sonriendo en esta parte del poema.

Pero bueno, ahora que te tengo sonriendo déjame
confesarte que no te conozco, pero sé que te gustan
los libros de historia y que, por mi parte, a mí me
gustaría leer la historia que escondes en tus lunares y
en tus silencios, esos secretitos que nadie sabe y esas
canciones que cantas solo en confianza.

Pero ya ves mi niña, tú allá y yo acá, a ocho minutos de
distancia para ser exactos, qué te parece si le restamos
unos trece y con la diferencia de esos cinco minutos me
regalas unos minutitos frente a tu mirada para que veas
cómo tu canción favorita de Adele *Someone like you*
poquito a poco se convierte en *Someone like me* y me
miras, y me abrazas, y me lees…

Porque no te conozco mucho y no sé nada de ti más
que:

Te gusta Disney
Te gusta leer
Te gusta la naturaleza
Te gustan los Tulipanes

Te gusta cantar
Tenés algo de romántica y provocativa
Y hasta creo que te gusta el negro…

¿Quieres que siga? Y eso que tan solo te tuve una
noche, un ratito, una luna y la verdad es que no quería
confesarlo, pero sé un poco más de ti porque tu aroma
se quedó contándole una historia a mi hombro, una
historia que me gustaría seguir oyendo, pero de tus
labios y tus caricias.

No te conozco preciosa, pero quiero, y ya voy
finalizando el recorrido del pasillo de este poema y
antes de irme por un café cuéntame, cuéntame cuándo
tendré nuevamente esa media noche que llevas por
mirada, te cuento que le iría bien a esta luna nueva que
llevo yo por mirada.

Ya ves como sí concordamos,
por lo menos en la noche,
por lo menos en la luna,
por lo menos en las letras y tal vez en uno que otro
silencio.

          Pájaros de papel

INTENTOS FALLIDOS

Como dijo *Arjona* una vez:
"Intente curar en la cama lo que el amor no me daba".

Que qué fácil es ahora coger y andar de cama en cama,
escribiendo historias cortas y sin sentido, que ahora
dura más un partido de futbol y que el amor sin historia
se ha vuelto una moda, que ya las caricias no valen y
que ahora el placer y quien coge más es lo que gusta.

Te juro que intenté olvidarte, eliminando una a una
nuestras fotos de Fb, botando cada recuerdo que me
hablara de ti, pero te cuento que los de mi mente
insisten en quedarse un tanto más y que los de mi
corazón se resisten en partir.

Después de todo mi abuelita una vez me dijo que el
amor termina muy pronto en comparación con los
recuerdos, esos duran un poco más porque hay muchas
canciones, aromas y calles que siempre te recordarán
que hubo una chica que calmaba cada una de tus
tormentas y que llevaba un verano en su sonrisa.

Te juro que intente olvidarte y no sabes las muchas
veces que me han dicho que te olvide, que ya es
tiempo, pero no puedo; la esperanza se tomó en serio
eso de *"La esperanza es lo último que se pierde"*.

Y aquí me tienes, esperándote, pensándote y
buscándote entre la gente, que si te preguntas que si
aún te pienso, sí, sí te pienso cada mañana, cada tarde y
cada noche.

Cuando tuve el valor de escribirte y me dejaste en visto
y no me sentí mal,
ese día supe que estaría bien.

Cuando te mande un libro con un único poema
subrayado y no hubo más respuesta que tu silencio y no
me sentí mal, ese día supe que estaría bien.

Cuando en la radio sonó nuestra canción precisamente
cuando estaba en la cafetería donde te conocí y no sentí
que me derrumbaba, ese día supe que estaría bien.

Porque creo que ya es hora.
Creo que ya es tiempo de dejar de dedicar poemas a
quien no los lee.

Creo que ya es tiempo de dejar de dedicar canciones a
quien no las escucha y mucho menos las baila.

Creo que ya es tiempo de seguir y entender que no
se cumplirán aquellas promesas que nos hicimos con
nuestros besos y que tú ya no tienes ganas de mí.

Creo que ya es hora de aceptar que no vendrás por un
café, unas letras y un beso.

Creo que es un avance, creo que ya estás dejando de
doler y joder,
suficiente con el masoquismo.

Quiero sentarme a tomar un cafecito con una chica que le guste fuerte y caliente -y el café también-. Que sea valiente ante la vida y que esté cargada de miedos y que aun así se quiera arriesgar, romperse, darse herida y estrellarse ante aquello que le llamamos latidos a mil por hora. Una chica muy playa porque yo soy muy montaña.

Una chica muy ella porque yo soy muy yo y qué lindo complementar, crecer, jodernos. Quiero una chica porque ya llevo un tiempo solo y he comprendido que las caídas duelen menos cuando se está acompañado, que los viajes son más ricos cuando hay con quien desordenar la cama y tomar la mano por los senderos; que es más bonito escribir cuando hay alguien a quién dedicar.

Quiero una chica que me vea como yo la veo, como esa galaxia, como ese arte del cual me enamoraría hasta mi último aliento.

Quiero una chica pa'tomar el café.
Las sábanas.
La vida...

ENREDOS

Guapa, llevo 5 tequilas, 2 Whisky y unas cuantas cervezas y nada que ahogo esto que está comenzando a nacer por ti.

Pero es que vamos a ver…

No quiero comenzar a hablar de ese color de tu cabello que inspira a la noche o que tu piel le robo el olor, sabor y color a la canela.

No quiero conversar de esas piernas largas que posees y que me llevan a la locura, te juro que ya estaba rehabilitado, pero tú nuevamente me volviste a hacer caída en ese vicio infinito, en querer tenerlas, besarlas y hacerlas nudos con las mías.

No quiero, guapa, conversar de esa puta sonrisa que provoca otra en la mía, tan magia, tan arte, tan galaxia, tan lo que quiero.

Y pues creo que no hay necesidad de nombres porque al leerme sabes que eres tú y que se trata de tus enredos, de ese puto "no quiero, pero quiero" y ese paraíso que llevas contigo.

Pájaros de papel

No quiero conversar que me tienes mal, que no quiero
sentir pero que los latidos no se controlan, no se llevan
y no tienen botón de apagado.

Y te cuento que yo ya no estoy para hacerme el
interesante.

Yo ya no estoy para la regla de salir contigo y escribirte
al tercer día.

Yo ya no estoy para tratar de provocarte celos con
otras.

Y mucho menos indirectas ni jugueteos.

Pero tampoco estoy para tickets de espera y boletos
de confusiones, porque si algo he aprendido es a
estrellarme y darme trizas, que a fin de cuentas de eso
se trata la vida, porque tener miedo a amar por salir
lastimado, es como tener miedo de vivir porque algún
día moriremos.

ATERRIZAJE

Ahora que nos encontramos al final del vuelo, déjame
decirte unas cuantas cosas mi niña.

Que cuando te amen, te escriban cartitas hechas
a mano, que no importa si la letra no la entiendes
porque después de todo, hay veces que los silencios
interrumpidos con un beso en media carta, dicen más
que un folio.

Que cuando te amen, te abrasen como se abraza en
las despedidas, que te abracen con amor y emoción
y una puta sonrisa como el universo entero que tiene
en frente, que te abracen tan fuerte que tus latidos
acaricien los latidos del otro y que sepas lo que su
corazón dicta por ti.

Que cuando te amen, te dediquen canciones y te las
canten, aunque el otro no cante ni los pollitos, pero
cuando lo veas cantar y sus ojitos brillen sabrás que su
tono de voz deja de importar cuando su mirada es la
que te dice aún más que la misma letra de la canción,
que te tomen de la cintura y que sin importar que no
sepan bailar, bailen, y te cante al oído y tus mejillas se
rocen con las de él y se den cuenta, que todo lo tienen.

Que cuando te amen, te hagan el amor
apasionadamente, que te tome cada día con más pasión
que el día anterior y te desee cada parte de tu piel, que
se tomen el tiempo de contar tus lunares y descubrir
aquellos que ni tú te puedes ver, que escriban historias
en las sábanas y dibujen collages en la cama y ¿por qué
no? en la pared; mi niña, que te hagan el amor tantas
veces que cada día desees más y más y sepas que él es
tuyo y tú de él y que no necesitan más.

Que cuando te amen, te hagan sonreír y que si te
hacen llorar sea de tantas cosquillas en tu cintura,
que te abracen tan fuerte que te junten tus rotos, que
te abriguen tanto que termine con cada uno de tus
inviernos y que te besen tanto que sus labios se tatúen
en tu piel.

Mi amor… que cuando te amen, te amen más y más
y no menos, que te den lo mejor porque no cualquiera
puede andar de tu mano, que no cualquiera merece
ese paraíso que llevas en tu esencia, que no cualquiera
merece uno de tus cafecitos y uno de tus tontos bailes.

Nunca, nunca olvides lo que vales y que eres tan
hermosa que no solo eres una linda carita, que cada
parte de tu piel, cada curva, cada lunar es perfecto, aun
con tus celos, con tu locura y tu carácter de mierda y
ese puto orgullo…

Eres lo mejor, que le ha
pasado a mi escritura.

FIN

Acerca del autor

Me gustaría decirte que soy de esos escritores intelectuales, de esos que escuchan música clásica, que saben de la vida y de las letras, pero la mera verdad es que un día puedo estar escuchando AC/DC *Highway to Hell* para imaginar que soy *Iron Man* y otro día puedo estar escuchando Maluma con "Felices los cuatro", versión salsa, porque amo bailar. Te podría decir que de la vida solo sé que algún día moriremos y que de letras solo tengo esto que lees.

Como persona te podría decir que soy un romántico sin remedio y que no hay día en el que no me enamore de algunas pecas, de algún lunar, de alguna mirada o de una sonrisa, que a diario vivo en un sueño lleno de fantasías y que me la paso imaginando la historia que esconde cada piel aroma a café y una que otra sabor a coco, que las metáforas se han vuelto las colonizadoras de mis latidos y que desde niño he escrito cartas, siendo mi mamá mi primer amor y mi papá mi *Superman*.

Te puedo decir que me cuido mucho y que le doy duro al *Gym,* porque nadie se fija en los sentimientos de a primeras, pero que una vez pasados los minutos intento impresionar con trucos de magia, acertijos, adivinanzas y chistes, porque te confieso que soy un poco tonto para hablar y más cuando una sonrisa o una mirada está posada sobre la mía.

Te puedo decir que en el amor he fracasado y que yo,
al igual que tú, la cagué y me prometí no volverle a
escribir y perdí en tal apuesta.

¿Y de las letras? ¡Ay mi niña! Que si usted recibe una
carta mía tenga por seguro que quiero algo más que su
piel y sus labios, que quiero conquistar sus caricias, sus
latidos y sus lunares, que si usted recibe letras de mi
mano, sepa que no serías la única, porque ya antes otras
las han recibido, pero que tampoco a cualquiera le doy
una de mis hojas en blanco. Preciosa que si usted
recibe mis letras voy para navegar y tratar de
descubrir sus suspiros.

Y ese… ese soy yo, ni una letra menos,
pero sí muchas más.

¿Y de ti... que hay? cuéntame, me importas… quiero
saber de ti, escríbeme que me mata, me mata saber tus
secretos, tus delirios y tus fantasías.

Escríbeme: wilberberrios

 Nota biográfica del autor

Wilber Berrios Romero nació en León, Nicaragua, el 18 de marzo de 1989. En 1993 sus padres, José Antonio Berrios Fonseca y Alma Sagrario Romero Herradora, con su hijo de 4 años, decidieron migrar a Costa Rica en busca de mejores oportunidades. Con el tiempo se nacionalizó costarricense.

Realizó sus estudios en la facultad de Arquitectura y Urbanismo de la Universidad Latina de Costa Rica.

Desde niño siempre mostró amor por las letras, dedicándole poemas a sus padres y a uno que otro amor; desde entonces, escribiendo versos, poemas, pensamientos y novelas, se apasiona y escribe su primer libro: *Pájaros de papel*.

-Y aquí tienen el primer resultado de muchos libros más que vendrán, nos vemos pronto en el "Callejón de las letras".

 wilberberrios

 Wilber Berrios

www.ingramcontent.com/pod-product-compliance
Lightning Source LLC
Chambersburg PA
CBHW030309160726
47992CB00005B/1936